スイスイ生きるコロナ時代

後編

「働き方」最前線

はじめに

本書は2020年6月、コンセプターの坂井直樹さんと行ったトークライブをベースに、さらなる対談を重ねて加筆したものです。

「ポストコロナのイノベーション」と題したこのトークライブは、コンセプターの坂井直樹さんと僕、福田 淳が、ほぼ同時期に新刊を出版したことをきっかけに実現しました。2019年12月に中国・武漢で発生したとされる新型コロナウイルス感染症は、そのパンデミックにより、僕たちのライフスタイルも、ビジネスの常識も、すべてを一変させてしまいました。

コロナがもたらした最大の変化は、企業や社会が「DX化できるか」（デジタルトランスフォーメーション）ということに尽きます。人にも会えない、移動もできないとなると、DXしかないでしょう。

レストランやショップにお客様が来客された時、スタッフが検温をしたり、ポンプを押して消毒したりしていませんか？　この措置は、２０２１年度中には終わらないでしょう。なのでこの逆境を利用して、ＡＩ機能付き検温マシンを設置しましょう。２０１９年は1台80万円ほどしていましたが、２０２１年春は15万円くらいで手に入ります。カメラに近付くお客様の顔写真をデータベース化してＡＩに判定させれば、時間帯別ユーザー属性の貴重なマーケティングデータに早変わりします。上海の「フーマー」というスーパーマーケットでは、すでにスマホ決済はなくなり、顔認証で支払いまで行うことができます。さらにいうと、店からの追加サービスで、お客様がさらに個人情報を提供すれば、リアル店舗だけでなく、オンラインでのお客様にもなりうるのです。

また、Googleを活用して混雑時間帯の情報をスマホで確認でき、空いている時間帯に来店したお客様には、商品がディスカウントされるような仕組みを導入することもできます。こういうことを「ダイナミックプライシング」といいます。ＬＩＮＥのビーコン機能（Bluetoothを使った情報収集・発信サービス）を使えば、店の横を通り過ぎるお客様のスマホに自動クーポンを発行することだってできるのです（その店がＬＩＮＥ友だちになっていることが条件）。

レストランでは、店員が椅子やテーブルを熱心に消毒していますが、UV-LEDライトで照射すれば、人手でやるより効率的でコストも下がります。1台60万円くらいでしょうか。日々、コストは下がっています。

コロナで「大変だ、大変だ！」と嘆いたところで、何も元に戻りません。これをきっかけに、じゃんじゃん仕事をDX化してみてはどうでしょう。前より儲かるかもしれませんよ。

14世紀、人類の4分の1もの人たちを死に追いやった疫病ペスト流行のあと、人類は科学や技術でV字回復を果たしました。ルネサンス（復活を意味するフランス語）時代の到来です。21世紀の今、不幸な出来事ではあるけれど、コロナ禍が世界中にもたらしたダメージは、ルネサンス期と同じようなV字回復のきっかけになるでしょう。そのためには、柔軟な発想力で、未来をつくっていかなければなりません。DX力をつけることで、SFのような未来を実現させることが可能になります。

たとえば、こんなことが早晩実現するでしょう。

・ドローンが行き交い、荷物が空を飛ぶ新しい宅配の未来
・一流シェフのレシピを再現する３Ｄフードプリンターで出前要らず
・ロボカーの普及で電車もタクシーもいらなくなる。
・ＶＲで海外旅行から火星探査まで楽しめる
・ミクロの決死圏⁉ カプセルを飲めば血管や内臓を修復
・ＡＩロボット先生が教える自分だけのオンライン学校
・工事現場の重機はすべてオフィスからコントロールされる
・スマホも現金もなくても、顔さえあれば買い物できる

本書では、ＤＸの事例や根底にある考え方をできるだけわかりやすく簡単に解説していますが、一番大事なのは、個人が変わることなのです。読者であるみなさん、あなたがどんな年齢や境遇にあろうと、ＤＸ化しなければ、ポストコロナを生き抜くことは難しいでしょう。

物事に遅い、ということはありません。所詮、人間のやることです。そんなに難しいことはないのです。だから思い切って、使わず嫌いになっていたＤＸの途方もない

可能性について一緒に考え、社会をより豊かに変えていこうではありませんか。ここしばらくで、この手のＤＸ本がたくさん出ています。が、本書は坂井直樹さんと僕とのビジネス漫才のような雑談を基にしていますから、ラジオを聴くような感じでスラスラ読めるのではないでしょうか。

読者のみなさんが「ＤＸ勝者になる」ための「土地勘」をつかむために、本書がアフターコロナのヒントになれば幸いです。

ブランドコンサルタント　福田淳

前編
今、求められるDXの本質

ＤＸ＝「デジタル化」ではない！

福田　本書は「ＤＸ勝者になりましょう」というのがテーマです。コロナがいまだ収束しないせいで、経済市場は「ＤＸ（デジタルトランスフォーメーション）」というキーワードが花盛りですよね。

ですが、まず前提として、本書における「ＤＸ」とは何かについてお話をしておきたいと思って。

坂井　よろしくお願いします。

ＧＡＦＡはＤＸを言わないですよね。なぜなら、もうとっくにＤＸが完了しているからです。**つまりＤＸが充分にできていない企業がＤＸを声高に言います。まずＤＸをシンプルに言う時に、たとえで使うのは「お寺の改修」と「お賽銭をＱＲコードでもらうこと」の違い。**お寺の改修というのは、「内側のＤＸ」です。これは、古くなった建物を再建すること。「古いものを改修する時にしか使わない言葉」で、お寺は、古くなった企業を指します。これに対して「外側へのＤＸ」とは、サービスや業務内容を変えること。お寺の例でいえば、賽銭箱に現金を入れるかわりに、ＱＲコードとスマホでチャリンとやるデジタルモデルに変えること。つまり**古くなった企業内の再構築と、企業の外側（顧客）への新しいデジタルサービスの開発**です。

福田　とてもわかりやすいですね。要するに、今までの当たり前を見直し、ＤＸを取り入れることで、サービスが新しくなる、ということですよね。

坂井　そうそう。Netflixは、これまではビデオレンタルしかなかった仕組みを、ビデオストリームにしました。これが外のＤＸです。

福田　ＤＸは「Digital Transformation」の略ですが、「Transformation」は「変身」という意味です。やっている業務はこれまでと同じでも、郵送よりはメール、メールよりはＬＩＮＥのほうが速い、というような変化、変容を指します。そういう、これまでは満足していたライフスタイルも、再度ＤＸ的な発想で見直してみるいい機会じゃないかと思います。

坂井　そうです。ＤＸというのは単なるデジタル化ではなくて、本質的な変容が大切です。それは、どれだけ変化・変容することに対して寛容か、ということでもありますね。

そういう意味では、やっぱり中国が一番激しいですよね。アリババなんて、変容とＤＸの塊ですから。

福田　僕が本書でお伝えしたいＤＸの本質は、「個人がＤＸ化しているか？」ということです。今の仕事のやり方を見直して、ぜんぶ変えちゃう。「ＤＸ＝デジタルスキル」と思っている人は、逆になかなかＤＸできないです。

もはやリモートで仕事をしていいのに、オフィスに行かないと仕事ができないという人が案外多くて驚きました。「電車に乗らないと仕事モードにならなくて……」とか、上司も「30％オフィスに人が戻りました！　えへん」って（笑）。ＤＸは、デジタルスキル以前に、これまでの自分の生き方、働き方を合理的に変えていけるか？という力なんです。ＤＸは、これまでの働き方の延長線上にある、新しい物事の進め方のツールと考えてほしいですね。

坂井　なるほど。そういう視点でいうと、まずFacebook、LINE、Instagramなどのアカウントを持っていない人は、ＤＸ以前の問題といえますよね。それらはコミュニケーションのＤＸですから。

たとえば新規クライアントとの連絡をどうするかといった時に、中国ではもはや名刺交換なんてしません。最初からWeChat（ウィーチャット…中国大手IT企業Tencentが開発したインスタントメッセンジャーアプリ）ですからね。

福田　まだ名刺交換をしていること自体、すでにDXじゃないってことに気づいてほしい（笑）。実際、僕のところには、次のような従業員を抱える経営者から「どうしたらいいいですか？」という問い合わせが後を絶たないんですよ。

（企業経営者からの相談事例）

・リモートワークと言われても、「自宅にWi-Fiがない」という社員がいる。
・Zoomミーティングと言われても、使い方がわからず、オンラインに入れない社員がいる。
・Wi-Fiどころか携帯もガラケーしか持たず、「個人でPCを買ったことはない」という社員がいる。
・「案件資料は、FAXでやりとりしたい」というクライアントがいる。
・LINEアカウントがないので、「クライアントとメッセンジャーのやりとりができない」という社員がいる。

坂井　なるほどねぇ（笑）。でもこれが笑い話じゃないのはよくわかります。世代関係なく、テクノロジーへの好奇心の問題ですね。
　最近は、YouTubeチャンネル自体が企業のサイト化しているくらいなので。だからYouTubeチャンネルを持っていない会社っていうのは、「サイトがない」というのと同じだと理解しないといけない。みんな、YouTubeを検索で使いますから。そういう意味でいうと、ＳＮＳも、使い方がわからないながらでもトライしている人は、やがてＤＸ力を身に付けていけるのでいいんですよ。問題は、「FacebookやYouTubeなんて興味も関心もない」という、好奇心のない人。
福田　YouTubeを、上手に公式サイト化している企業例を挙げると、どこでしょうね。
坂井　NIKEはそうじゃないですか。ビジュアル系の企業はみんなそうでしょう。Apple Japanも、公式YouTube*1があります。
福田　世の中はもう、〝公式情報〟というものに価値を見出さなくなりました。お笑い芸人で絵本作家の西野亮廣《にしのあきひろ》さんもおっしゃっていて、「情報解禁日まで告知しないでください」という業界のお約束事があるじゃないですか。でも、情報解禁日の設定自体がもう古い。今、〝オフィシャル感〟というのが一番ダサイのではないでしょうか。誰も、公式サイトを検索したりしないですから。サービスや商品の発想が湧き起こった瞬間からそのプロセスを見せていくことで、消費者の共鳴共感が得られる。

イーロン・マスクは2016年12月17日、ロサンゼルスの渋滞に苛立ちツイートしました。「渋滞で頭が変になりそう。ボウリング・マシーン（掘削機）をつくってトンネルを掘ろうか……」

その7か月後に彼は、アメリカ政府からボウリング・カンパニーの許可を得て、ニューヨーク→フィラデルフィア→ボルチモア→ワシントンDCをつなぐ地下道の建設認可を得て、2018年春には掘削を開始しました。その未来のサービスは、プロジェクトオーナーが必要性を感じた瞬間からツイートされ、完成までの道のりも情報共有され続ける。そこには、賛同やあらゆる建設的な意見も集まり、下手に社内で会議して決めるよりも効率的で共感が得られるものが生まれます。

坂井　そうですね。

福田　そういう前提を考えずに、DXについての問題点をただ「アナログVSデジタル」と捉えると、本質を見失うと思うんですよ。アナログしかない時代だって、「こんなものがあればいいのに」「どうして今までなかったんだろう」というマインドはあったし、そういう好奇心がイノベーションにつながっていったわけですからね。

坂井　「アナログVSデジタル」でいうと、Netflixは今でも、ハリウッド拠点でのコンテンツづくりではFAXを使っています。遅れているからではなく、多様性チームで、多言語で、そしてしょっちゅう変更のあるコンテなどはアナログのFAXのほうが今のところ合理的だから。つまり**データ重視のシリコンバレー文化と、人間関係重視のハリウッド文化が混在しているのがNetflix**なんです。

　これは、現代のDXを象徴的に表していると思いますよ。Netflixは、もともとはDVDのレンタルサービスをインターネットで行っていた会社です。その彼らがストリーミングの会社になった。普通では、起こせないようなテクノロジーの変革をやってのけた会社がNetflixです。ビジネスの世界でのデータ分析は、ビジネスの目的を達成するために重要なひとつのツールであり、ゴールではありません。そこから得られたインサイト（洞察）をどう使うかを決めるのはあくまでも人間であって、データもしくはアルゴリズム（解決法）ではないのです。

自分はアナログ人間だといって、自ら新しい分野への興味を断ち切ることはやめよう。

*1 Apple 社の公式サイトは
You Tube

DXマインドは、変化する気持ちの表れ

坂井　コロナの影響でリモートワークが広まって、富士通も「2022年度末までにはIT環境を全面的に見直す」と発表*2しました。富士通は強みであるAIやIoT、5G、セキュリティなどのテクノロジーと、強固な顧客基盤に支えられた業種業務ノウハウを活かして、お客様、社会が求める価値を実現するDXを追求している。これが「お寺の改修」ということです。

福田　オフィスの規模を半減して、約8万人の国内グループ社員を対象に、全面在宅勤務を標準とした働き方「Home & Shared Office」に移行する、と。

坂井　人材派遣大手のパソナグループも、代表の南部靖之氏が兵庫県出身だからというので、本社機能を淡路島へ移転すると発表して話題になりましたよね。

で、そういう企業側の姿勢はいいとして、問題は社員側ですね。中には、さっきの福田さんのお客様じゃないけど、「家にWi-Fiがないから、リモートワークができません」という人もいるし。

福田　いますね。しかも少なくない。

坂井　最低限のＤＸなんですけどね。企業側も、「ちゃんとリモートできていますか？」とひとりひとりにヒアリングしているけれど、やっぱり問題アリな人がいますね。これはもう年齢に関係なく。今後の人事は「リモートワーク対応は可能ですか？」を採用要件に加えるでしょうね。

福田　大企業の場合は最初のうち、「今からZoomで会議ですよ」と言っても、オンラインに入れない人が何割かいたらしいです。総務部がマニュアルをつくるんですって。でも、それでもできない人っているんですよ。「あなたの家、一体どうなっていますか？」って聞くと、まずWi-Fiに入っていない、と。だから自宅ではデータも受け取れない。

坂井　そう。そこはもう、オフィスがあった前提の環境にこだわらないで、みずからデジタルに飛び込んだほうがいいですよね。

福田　べつに自分が中年だから言うわけじゃないんですけど、僕は55歳という年齢部門のＤＸ度でいうと、港区で3位以内に入る自信ありますよ（笑）。

トランプ前大統領が「TikTok（ティックトック）」（中国のByteDance社の短編

動画投稿アプリ）配信禁止措置を出したニュースは記憶に新しいところですが、若い友人たちが盛り上がっているのを見て、僕も教わりながら動画撮ったり編集したりして、楽しんでいますよ。

坂井　それは間違いなく、DX部門港区3位ですね（笑）。

福田　SNSのことがよくわからなくても、後輩や子どもに教えを請いながらでも、自分で読み解いていくことで、時代の感覚がわかるし、DX力は身についていきます。「TikTok？　何が面白いの？」と思ったとしても、自分でやってみないと本当に面白くないかどうかはわからないじゃないですか。実際、どんな仕事でも経験を積まなければ先輩にはなれないように、サボってラクばかりしている先輩は、努力した後輩に抜かれてしまう。だからDXは年齢とかデジタルスキルの問題ではなくて、「個人の姿勢」の問題ですよね。

坂井さんはメッセンジャーの返信が周囲の誰よりも速いんですけど、以前その理由を知って衝撃を受けましたよ。「アップルウォッチの音声認識で返しているから」って。そんな人、若者でも見たことがなかった。坂井さんのご年齢部門でいうと、品川区で、ぶっちぎりで1位だと思います（笑）。

坂井　シニアの部はライバルが少ないから。トップをとるのはラクですよ（笑）。
福田　ははは。話を戻しますと、今のＤＸ問題の本質は、個人のＤＸ意識というか、じつは「人のＤＸ」なんですよね。テクノロジーだＡＩだといったところで、使うのは人だから、当たり前といえば当たり前のことなんですけど、意外とそこを誰も言わない。
坂井　そう、だからまず、個人レベルの意識から変えていかないとね。企業側にしても、テクノロジーについて理解できている社員ってほとんどいないんですよ。だからいくらコンサルティングなどの外部が入っていても、受け皿がない。ＩＴコンサルやベンダーでは「内」しかできないことが多いので、自然と「内」の議論／広告がメディアに溢れている。セールスフォース（顧客関係管理ソリューションを中心とするクラウドコンピューティング・サービス）レベルでも、ほとんど使えていないんですよ。

顧客に合わせて自分たちはどう接するのかを変えていく、できれば先を見越してビジネスの仕方を変えていく。これも、冒頭でお伝えした「外」へのＤＸと表現しています。この部分はＩＴベンダーに丸投げではできません。

福田　面白いですね。「まあよくわからないけど、ちょっと買っとくか」みたいなこと、企業にはわりと多いですね。

坂井　ビービット社が提供しているクラウドUSERGRAM（行動データ分析に特化したクラウドサービス）もそうだし、UNCOVER TRUTH（ヒートマップ分析ツール「USERDIVE」の開発・提供と企業のマーケティングを支援）なんかは、とても良くできたツールなのに多くの人は使えていないですよ。

福田　なるほど。「DXってなんか難しそう」と思うけど、解決策の第一歩は至ってシンプルです。それは、「新しいメディアは何でも試す」こと。新しいチャレンジをする姿勢って本当に大切じゃないですか。だからSNSくらいは最低限使いこなそう、という姿勢が必要ですよね。

で、社員側ではなくて企業側の話だと、**「経営者のDX度が高い＝イノベーションを起こす優れた企業」**といえますよね。というか、DX度が高い経営者じゃなければ、ポストコロナも生き残っていくことは難しい。つまり**経営者自身が、誰よりも早く新しいメディアにチャレンジして面白がる好奇心、センスがあるかどうか。そこでDXマインドのある企業かどうかが決まる**と思います。

坂井　そうなりますね。今後はあらゆるものが、古びた企業全体も国家も、ＤＸ化する。一歩でもＧＡＦＡに近づく。それはもう決まっているんです。その入り口がたまたま、デジタルマーケティングというところから入っていくことになった。Excelを使うし、なんとなくマーケティングに似合う。デジタルマーケティングというのは、非常に相性がいいからはじまっているわけで、実際は経理から総務から工場のシフトから、すべてがＡＩ×データのデジタル構造になります。

福田「マーケティングからはじまって全体へ」ということですね。

坂井　先程、TikTokの話が出ましたけども、たとえばTikTokはどんなテクノロジーが新しいですか？」と聞いて答えられる人は、ほとんどいません。

福田　あぁ、たしかに。僕は芸能の仕事をやっているので、タレントから聞かれることが多いんです。YouTuber流行りですが、登録１００万人にしようと思ったら、並大抵の努力と才能ではできません。テレビ中心のタレントがYouTubeをはじめてもほとんど成功しないのです。

でもTikTokは、フォロワー10人でも最初に投稿する15秒動画がアプリを持っているすべての人に見える構造になっています。だから、面白い15秒なら一夜にして大ヒットさせることができる。ここがYouTubeとの大きな違いです。

坂井　それと、もうひとつの答えはＵＸ（ユーザー体験）です。ライバルのFirework（ハリウッド発の動画アプリ）やKuaishou（中国のショートムービーアプリ）はトップページのＵＩ（User Interface）は静止画で、クリックしないと動画になりません。TikTokは最初から動画ページです。ここでＵＸの差が出てしまいます。今のユーザーはせっかちだから、動画広告のほうが効きますよね。１クリック、２クリックなんていうのは、もう付き合ってもらえない。

福田　坂井さんのおっしゃる「最初からいきなり動画だから」ということに補足すると、ＵＸというのは、エモーショナルなんですよね。だから、ユーザーに刺さる。Netflixは、そういう意味ではエモいですよね。アクセスした瞬間に新作の映画がはじまる。最近は、フィルターバブル（自分の好みだけでカスタマイズされる）を避けるために「ランダム再生」を選べるボタンも増設しました。さすがです。

一方のAmazonプライムは静止画カタログになっている。何を見るか、まずそこから選ばなきゃいけない。なぜみんなNetflixで『愛の不時着』になるかというと、もう選ぶのさえ面倒なんですよ。「とにかくみんなの話題の中にいたい」という気持ちと、UIが合致している。

坂井　UXのユニークさというのは、体験の質と量で決まります。

福田　「ホームページのデザインが完成しました」と言っているようじゃまったくわかっていなくて、グロースハック（製品やサービスについてユーザーから得たデータを分析し、改善してマーケティングの課題を解決していく手法）の必要性を理解しないといけないです。

ホームページのデザインというのは完成しちゃダメなんです。グロースハッキングし続けて、成長し続けないといけない。でもいまだに企業からの相談で、「このデザインをどうしたらいいでしょう」って、パソコンのデザインを送ってくるところが少なくない。そこで「なぜ最も人に見られていないPCからデザインするんですか？」と言ったら、ギョッとされました（笑）。PC経由のユーザーは、スマホの5分の1もいないのが現状なのに。

完成品だけを綺麗に見せようとせずに、プロセスを見せて、周りを巻き込もう。

*2 通勤という概念をなくした
富士通

ファンベースマーケティングという視点

福田　ＳＮＳの話でいうと、今ではInstagramもFacebookもTwitterも普通に使われていますが、ホームページだってブログだって、登場したばかりの頃はみんな、「どうやって使えばいいのかわからない」と思いましたよね。

このみんなが「よくわからない」と思っている段階で、誰よりも早く「やってみよう」と思うか思わないか。そこが人のＤＸ進化の重要な分かれ道じゃないでしょうか。「よくわからないけど、何が面白いのかな。ちょっとやってみよう」と、いち早く試したくなる、「好奇心のあるなし」。

坂井　そうね。僕はその「やってみよう」でいうと、コロナ禍になって真っ先に、「オンラインサロンをはじめて、年収1億稼ぐ」と決めました。そう簡単な話ではないのですが、テーマとして置いています。それではじめてみて面白いなと思ったのは、オンラインサロンっていうのはファンの方が資本ということ。資本になっていただける。

福田　ファンビジネスですね。
坂井　はい。でもファンとお客様は違うんですよ。お客様は、他にいいサービス、いい製品が出たら乗り換えます。ずっとWindowsを使っている人でも、やっぱりMacがいいなとなるとかね。でも、ファンは変わらなくて「ストック型」なんです。何が出ようと、ファンだからMicrosoftを使い続ける。オンラインサロンも、ファンの人は継続してくださる。そういうことの能力ひとつひとつが、個人のDXでしょうね。
福田　僕の記憶では、かつてソニーの全盛期に、ソニーのファンが秋葉原に行って「テレビを買い替えよう」となった時、じつは6割の人が店頭でブランドスイッチを起こしていたんです。「ソニーファンなんだから、何も考えないでソニーに買い替えてよ！」と思うじゃないですか（笑）。ところが、「シャープの新製品は10万円安いです」と言われたら、「じゃあ今回はシャープにしよう」となる。
坂井　どんなにソニーが好きでも、今ウォークマンは買わないですよね（笑）。
福田　おっしゃるように、今のブランドというのはただ「エルメスです」というだけではなくて、非常に動的な体験をプラスしていかないと、ファンではなく単なるお客様になってしまいます。

坂井　欲望のレベルが上がっていかないとね。ソニーは音楽については、そこを上げていくことに関して、失敗したと思います。

福田　このファンが継続的にお金を払ってくれるビジネスモデルは、DX時代には重要なキーワードですね。お客様だと一回一回の取引になってしまいます。

坂井　そうですね。さとなおさんが、「ファンベースマーケティング」と名付けました。あとはD2C（Direct to Consumer）。これは、ファンにモノを直接売るということ。その途中に、Amazonなどの手数料ビジネスは入ってこない。そのために『BASE』は株価が上がってきているわけですよね。『BASE』はD2Cに一番向いたプラットフォームだから。

福田　これは芸能界、タレントに置き換えるとすごくわかりやすい。ミュージシャンにはライブ収入があるけれど、俳優にライブ収入はない。出演収入しかない。で、ミュージシャンは直接ファンが見えるから、グッズなどの副次収入も得られる。

だから売れている俳優の収入は、半分以上がCM出演料です。つまり企業からの広告収入。「○○社のシャンプーは素晴らしい」と言うことによって生計が成り立っているのですが、今はSNSのおかげで、ミュージシャンのように、デジタル経由ではあるけれど、直接ファンが見えるようになった。DXが進んでいるタレントは、テレビ局からの収入よりも、自身のSNSにメディア価値が生み出す利益を享受できるようになった。

坂井　西野亮廣さんは、まさにその典型じゃないですか。

福田　はい。西野さんみたいな人が、たとえばシャンプーを売る場合は、大手メーカーのものを彼がわざわざ売る必要はなくて。彼が信じた、面白い、すごい成分が入ったものを開発できれば、「西野さんから買うシャンプーのほうがほしい！」ということで、ある経済圏が成り立つわけです。今までもスーパーなどのプライベート商品はあったんですけど、何かイメージ上のダサさが否めなかった。つまりP＆Gや資生堂に取って代わる信頼（ブランド力）を、スーパーなどの小売り業が生み出す能力がなかった。

ところがタレントのほうは、もっと身近なところで商品の発想の段階からブランディングをはじめるので、D2Cのような「ファンベースマーケティング」はこれから流行っていくだろうと思いますね。

坂井　「ファンベースマーケティング」の、非常にいいサンプルがあるんです。大阪・阿倍野で、オープン4日前のパン屋さんが、隣家からの出火で火事になってしまった。3000万の資本をつぎ込んだのに。でもその隣家は、おそらく損害を補償できる状況になかったんですよ。パン屋さんは、お母さんはもう亡くなっていて、可愛らしい3人の娘さんと、50前後のお父さんとで経営予定でした。そのストーリーもなかなか良くて。そこで娘さんたちが提案したのが、クラウドファンディングだったわけです。すると、1500人もの人が集まった。一人につき、大体1万円を出して、1500万円に到達したんですよね。しかもその1500人は既にお客様（＝ファン）じゃないですか。無事にパン屋がオープンしたら、買いに来るに決まってる。つまり、そこでもう1500人のファンをゲットしたわけですね。

福田　単なる1500万という金額ではなくて、その価値はファンコミュニティでもある、ということですね。

坂井　他のパン屋ではなくて、「僕が、私が、クラウドファンディングでサポートした阿倍野のあのパン屋で買おう」となりますよね。『Boulangerie SHOW』*3というパン屋なんですけども。この娘さんたちのDXの発想の転換がなければ、こういう再建はできなかった。

福田　面白いですね～。いい話です。

坂井　銀行も当初は貸さないと言っていたのに、1500万円をクラウドファンディングで集めたという実績で大丈夫と判断して、残り1500万円を貸したそうです。

福田　従来の金融機関が査定するような〝信頼〟ではなく、ソーシャルトラスト力がこれから大事なんですね。銀行もソーシャルメディアでの信頼を査定に取り込めないと、今後は生きていけないということでしょう。

坂井　そう、〝trust〟。

福田　その信頼を得るための要素の中に、デジタル上の評価、能力が入ってきますよ、というのが、DX時代の新しい指標になってきます。

ポストコロナの社会的信用は、経済力だけでなく、SNSでの信頼も含まれてくる。

*3 クラウドファンディングでピンチを脱出 大阪・阿倍野のパン屋

オンラインサロンの未来

福田　坂井さんがコロナ禍ではじめたオンラインサロンですが、その未来はこれからどうなっていくと読まれていますか?

坂井　まず、僕の知る限りでは、オンラインサロンのようなコミュニティは日本にしかない、ということですね。

福田　アメリカでいうと、同じように機能しているのはアプリなんですよね。ロックバンドKISSは、ファンクラブのアプリだけで年間20億円以上稼いでいます。日本では演歌歌手はファンの人が支えてくれるというものの、DX化はされていません。

一方、KISSのように、過去にたくさんのヒットを持っているバンドがアプリをつくることには意義があります。それは、歴史の長さだけファンの層も厚く、デジタルメディアを介することでファン同士のコミュニティも活性化するので、長く愛されるブランドが確立できるからです。年に1回、郵送で切手を送る手続きの必要なファンクラブだと継続率は年々落ちますが、アプリなら一方的な情報発信だけではなく、ファン同士のコミュニティという新しい価値に加え、課金の継続性も保てるのでＤＸ化は必須です。

だから、サロンの発展は日本独自の進み方をするのか、アメリカ型のアプリ（ファンコミュニティ）のようになっていくのか……ということは注目していたほうがいいですね。

坂井　中国の発展も、興味深いところですね。で、日本におけるオンラインサロンの未来ですけども。このコロナ禍において、若い人が普段なかなか会えないようなイノベーターと触れ合える場として機能していくのではないでしょうか。

福田　そうかもしれない。僕の思う「オンラインサロンの未来」は、坂井直樹さんのような著名なマーケッターと接点を持てることと、有名人とは別に、もっと専門性の高いサロン（コミュニティ）に分化していくものと、二極化していくのではないかと予想しています。

コロナ禍でリモートになって、若い人は先輩に会える機会もオフィスという場所も失った。先輩って良くも悪くも、人生の役に立ちます。リアルがないなら、ネット空間です。そういうメンターを探すのに、サロンが必要になってくるのではないでしょうか。ホリエモンさんなど、若いメンバーが多いサロンは、メンバー同士が新しいプロジェクトをつくって、アメーバ的に増殖する傾向があります。

昔ながらの会社の場合、先輩を選ぶことはできませんが、DX社会では、後輩が自分に見合った先輩を容易に見つけることができます。これからはもっとサロンが身近になっていくんでしょうね。サロンに入っているAくん、Bくん、Cくんが新しいコミュニティをつくっていくのだと思います。

ネット検索も限界にきていて、図書館レベルのことはわかっても、人と人とのダイナミズムまでは仲介できないので、サロンの機能はますます大事になってくるでしょうね。

坂井　そう。オンラインサロンは、つなぎの場なんです。メンターを持つということができるし、就活もできる。僕のオンラインサロンでも、「自分にはどんなメンターが必要でしょうか？」という質問が多いですね。リモート環境も相まって、そういう指導者が今は市場にいないということですよね。生身の人間とのつながりを持つことができるのは、唯一オンラインコミュニティです。

福田　つまり、**「社会に出ること＝通勤電車に乗ってオフィスに行くこと」**ではなくて、**「オンラインサロンに入ること」**が、新しい働き方のひとつになるかもしれません。オンラインからオフラインへ活動が結びつくという動きが、これから出てくると思います。そういう社会参加こそＤＸの醍醐味です。

オンラインサロン参加は、新しい社会活動になる。

リモートトラスト力で世界を翔る

福田　ファンベースマーケティング、オンラインサロンときましたけれども、ポストコロナ時代の経営者は、「マーケッターのセンスがあるビジネスパーソン」というだけでは成り立たない。ビジネスパーソンにも、クリエイターであることが求められます。従来のマーケッターは、マーケット（市場）にあるデータや行動を見ることで将来を予測し、布石をうってきた。しかしクリエイターであるということは、マーケットにないものを見る力が必要になってきます。直感とセンスのアーティな世界です。個人がＤＸを進める上で、これらの要素が不可欠です。

先述した「最低限ＳＮＳはやること」というのは、要はマーケッター（や経営者）が「情報発信するテーマ、問題意識を持っていますか？」っていうことなのです。そのテーマはマーケットリサーチしても存在せず、まさに五感を駆使したクリエイティブ発想の世界です。

坂井　そう。でもほとんどの会社には、「語るべきテーマ」がないわけですよ。

SDGsなどを語ることで済ませてしまう。

たとえば「御社のビジョンは何でしょうか」とか聞くじゃないですか。僕の教え子だった男性が、アーティストのライブやイベントのプロデュースをしているんです。で、スポンサーの企業の社長に夢を語ってもらうというプランでヒアリングをしたら、結局とくに夢はない、とわかって。「じゃあ御社が考えるニューノーマルとは何ですか」という視点にテーマを変えたそうです。

福田　あぁ、わかります。「御社のビジョンは」と問うと、「ワクワクした企業をつくります」と言う経営者が多くいます。とくにIT系の経営者に多いのでガックリきます（笑）。その回答だと、「何に対してのワクワクなのか」の意味がよくわからないし、消費者にも響かない。IBMの社是は「地球を賢くする」です。メルセデス・ベンツは「人生の成功の象徴となる」です。ハードウェアや高級車を売っているのではなく、**消費者から必要とされる夢を実現させるインサイトを解決させるのが企業のビジョンであるべき**なんですね。

渋谷区のプロジェクト「バーチャル渋谷」*4もそうですよね。コロナによる緊急事態宣言で、計画はいったん見送りになったけど、「リアルがだめなら、オンラインで開けないか」という仮説を実現させたら、5万人も人が集まって大成功でした。消費者に必要とされる夢を具体的なビジネスコンセプトに持っていたから、実現できたのだと思います。

坂井　バーチャル渋谷はそうですよね。僕の場合でいうと、コロナ以前から、もう「業務は全部デジタルでしよう」と決めていたんですよね。

福田　そうだった（笑）。僕もコロナ禍ですぐにオフィスはなくしましたけれども、坂井さんはコロナの1年前くらいでしたっけ？　オフィスを捨てたのは……。早かったですよね。

坂井　そう。で、自動車も捨てたのは、つい昨年（笑）。でもオフィスがなくても、全然不便じゃなかった。

福田　坂井さんの場合はオフィスを捨てて、車も捨てた後にコロナがはじまって、年収1億の決意、ですからね。でもそれって、本書が目指すところの「DX時代をスイスイ生きる」大事なロールモデルですよ。

坂井　コロナになって、オンラインサロンをやろうと決めた時も、「家から一歩も出ずに1億稼ぐとしたら、まずどうするか？」という仮説を立てますよね。実現するかどうかは別にして。で、「あ、そういうことで済む話なんだな」とわかる。仮に僕がこの先、車いすの生活になったとしても、その環境であれば、何の問題もないですから。

福田　たしかに。その**仮説立案能力が身に付いてくると、その次に「リモートトラスト（Remote Trust）力」も強くなっていくんですよね。**つまり、本当の意味の「DX勝者」になれる。

以前、坂井さんとオンラインミーティングをさせていただいた時に、**リモートトラストの定義とは、「見ず知らずの他の国の人に、1億円の仕事を発注できるかどうか、です」**と説明していただいて、すごく腑に落ちました。でも日本人は、そういうのがめちゃくちゃ苦手ですよね。

坂井　僕の著書『好奇心とイノベーション』（宣伝会議）*5では、こう書いています。「身につければ強くなる武器とは、たとえ一度も会ったことがない人とでも、リモートで会うだけでビジネスにおいて信頼関係が築け、大きな意思決定、仕事の受発注が可能になるスキルのこと。これを〝リモートトラスト〟と呼んでいます」。

福田　「リモートトラスト力」を身につけていくためのビジネス本や研修が今後は増

えていくでしょうね。中国人やアメリカ人などは、もともと国が広いからリモート取引に慣れていますよね。ニューヨークとロサンゼルス、北京と上海でも、普通に知らない者同士で仕事ができる。だから、彼らは距離が遠い相手とも、頻繁に電話で話をしている。一方、日本みたいに目の前にいる部下にＬＩＮＥをするような世界観では、今後グローバルにビジネスを広げていけないと思うんですよ。

この日本人の「接待して、仲良くしないと仕事を発注できない」という島国根性をどう変えていくか。これが今後のＤＸの大きな課題になるのではないでしょうか。

坂井　そうですね。もっと、すぐ仕事をとれるようにね。

このコロナの最中、**このリモートトラストを身に付けることができた人は、とてつもなく強くなります。**これまで一度も会ったことのない人を信頼して仕事を任せたり、会ったことのない人から信頼されて、何かを依頼されたり。でも、これまではものすごくハードルの高いことだったと思いませんか？

でも今、コロナのために実際に対面する機会が激減する中で、確かに対面なしで物事を進めるしかない。ですから、このリモートトラストを身につけるということ、本当に大切なのだと思います。

福田　まさに。同感です。

坂井　「会ったことのない人は信頼できない」というのが、20世紀型のパターンでした。けれど、会ったことがない人でも、信頼できる人はいる。それを選別する能力の有無はこれから問われますね。

かつて、昭和の時代に「会ったことのない人と文通する」というブームがありました。あれはまさに、リモートトラストの原型だと思います。実際、文通から恋愛をして結婚した人もいました。つまり、行間を読みながら、相手の愛をどう感じていくか、妄想力が高まりますよね。だから令和のマッチングアプリだって、リモートトラスト力を上げるツールになりえると思います。

福田　たしかに。それに今、Zoom文化と言われてはいるものの、Zoomで知らない人と話す機会って、あまりないですよね。大抵みんな、知っている人とのミーティングや議論のためにZoomを使っています。それでも世界は広がらない。

坂井　こういうメールが来たりするんです。「取材をしたいです、お金は無料です」と。でも「無料です」と断るところがすでに怪しい。さらに「一切費用は発生いたしませんのでご安心ください」とあって、ますます安心できない。で、最後に「ただし、1点ご了承いただきたい点があります。取材の際に、我々メンバーが使用しているPR会社の企画のご提案もさせていただきたいと思います」と。まっぴらごめんですよね（笑）。そのWebも、全然魅力的じゃないんですよ。

福田　僕にも来ましたよ、そのメール。このサイト見たら、知っている有名な経営者がインタビューに応じているんですよ（笑）。驚きました。こんな簡単に引っかかるなんて……。

坂井　これ、引っかかる人が多いみたいですね。

福田　それで、変だなと思って、相手と直接電話で話しました。「おかしいよね」って。

坂井　やっぱり（笑）。なので、リモートでもトラストできない人ははっきりわかる、そういう力も必要です。

今までは知らなかった世界で遊びも仕事もできる。

*4　5万人が熱狂バーチャル渋谷

*5 坂井直樹著書「好奇心と
イノベーション」

不便をビジネスに変えるＤＸ

坂井　今後ますます、「デジタルな人」「アナログな人」……あるいは、「オンラインの人」「オフラインの人」というのかな。二極化が進みますよね。すると、どうなるのかな。60年代にジェネレーションギャップというのがあった。非常に保守的な、ネクタイを締めた高級レストランに行くのが大好きなビジネスパーソンの世界に、ヒッピーの文化がバーンとぶつかってきて。でも、当時はぶつかったヒッピー側のほうが数も少なかった。でも今の「オンライン」対「オフライン」は、「とんとん」というくらいのところまできているように思うのですが。

福田　「オンラインの人」と「オフラインの人」との分断は、一層進んじゃっていますよね。お話にあった60年代のヒッピーは、ひとつの場所に集まってムーブメントを起こしたんですけれども、これからはインターネットを基軸に、スモールコミュニティが世界中に点在してネットでつながっていく。そういう**新しいヒッピー新時代がくる**のではないかと期待しています。

たとえば、コロナウイルスに対するワクチンが、異常なほど短期間で開発された背景にも、この特性は活かされています。バラバラに存在していた専門的なコミュニティ（バイオテクノロジー、AI、量子コンピューティングなど）があるひとつの目的に対して、エクスポネンシャル（指数関数的）な結びつきをしてできあがりました。

坂井　なるほど。「新民族」と「旧民族」ともいえますね。ビジネスの世界においては、どういうふうになっていきますかね。

福田　コロナ禍がはじまった2020年4月の、自粛時の飲食関係の企業売上を見たんですよ。すると、『ケンタッキー・フライド・チキン』（日本KFCホールディングス）は売上が20％*6伸びていました。

坂井　そうね。で、大手居酒屋チェーンの『鳥貴族』（鳥貴族ホールディングス）は、コロナの影響で、4月期の単独決算では1億5300万円の最終赤字*6。

福田　そう、『鳥貴族』が2020年4月は90％の売上ダウンでした。同じ鶏を売っていて、何でこんなに違いが出るのかな……っていうところに経営センスの話があって。やっぱりこういう時代になったから、「ヘルシーなメニューを増やそう」とか、

「テイクアウトをするお客様のためのオンライン体制を整えていこう」とか変化した状況に対して施策を講じていく。「やる・やらない」で、DXに大きな差がついちゃう。

坂井　そうですね。それはSNS戦略も含めてですか？

福田　そうです。**SNSは、PRの一手段のように見えて、じつはそうではない。知ってください、買ってください、というメッセージはSNSより今でもテレビのほうが圧倒的に強い。SNSは、「どうやって消費者に愛されるか？」という、親近感をつくり出す装置**なのです。コロナのような特殊環境になった時、企業ができるだけ人に優しいコミュニケーションをとるためにSNSは欠かせない強力なツールになっていますね。

あるお客様が、こんなツイートをしました。

「サウスウエスト航空のフライトチケットがキャンセルできない！　フライトが12時間後に迫っているのに！（泣）」

それを察知したサウスウエスト航空 @SouthwestAir のアカウントがすぐさまリツイート。

「それはまずい！　私たちはあなたを助けるためにいます。航空券のキャンセルを手伝いますので、私たちをフォロー、もしくはダイレクトメールを送ってくださ い！」

というわけで、一瞬で解決。昔なら、カスタマーセンターへ電話して個別に解決する問題ですけれども、それだと時間も手間もかかる。SNSで公にされることを逆手にとって、サウスウエスト航空は、みんなが見ている前で迅速に解決させ、ユーザーに愛されることに成功しました。

あとはやっぱり、経営者が社員のアイデアをちゃんと受け止められる経営体制になっているかどうか。伸びる企業・伸びない企業の明暗を見た時に、労務問題など、ブラックな企業はほとんどコロナ禍で業績が下がっていますね。ということは、トップが社員の意見を聞かない風潮の企業は、世の中の空気を感じないまま、負のスパイラルにハマってしまうのではないでしょうか。

結論としては「**ネット依存度が低い企業もDXは厳しい**」。でもその本質は、**テクノロジーへの習熟度より、仮説立案能力があるかないかによって大きく変わる**のだと思います。**仮説を解決するためにデジタルやテクノロジーを使う。それがDX化への**

大きな一歩ですよね。

坂井　冒頭から言い続けていますが、**DXを捉えるために大事なことは、「ビジネスモデルの変換ができるかどうか」**ですね。それはコロナ以降、人と触れ合ってはいけない社会環境が求められるようになってしまったからです。人と会えないとか、街中に出ていけないとか、お店が開けられないとか、全部、「不便益性」じゃないですか。ただし非効率であっても、非生産性ではない。不都合であっても、不必要ではない。非常にわかりやすい表現ですね。**「非」や「不」というネガティヴ要素から、そこに込めたい価値に対応する必要な根拠を見つめています。**

「不便益性」で業績を上げている企業のひとつに通販のカインズがあります。在宅になって家の中にワーキングスペースをつくらなければいけない。そこでカインズのようなホームセンターに行って、材料を購入して何とかつくり上げる。それらが生み出すビジネスも発展の第1歩だと。そういう状況からのマーケティングと経営センス。そこも問われているといえるでしょうね。

福田　反対に、ブルックスブラザーズなど、**伝統にこだわってきた企業のほうが、ビジネスモデルの変換がうまくできず、厳しい状況*7**になりましたよね。コロナ禍を問わず大事な話ですが、歴史ある企業がブランドを維持するためには、「ブランドを守るためにブランド神話を壊す」ということをしなければなりません。

ルイ・ヴィトンが伝統を守るために、まず伝統の良さを再認識した上で、1997年にマーク・ジェイコブスをデザイナーとして起用することで、従来のデザインにスティーブン・スプラウスのパンクデザインや、村上隆のアートセンスを加えて、ブランドをさらに発展させることに成功しました。一方でアクアスキュータムは、ブランドを守るために、伝統を崩してはいけないと考え、時代に合わなくなり身売りしました。

坂井　コロナ禍以降のビジネスモデルの変換というのは、たとえば「寿司屋はどうしたらいいか」という話です。「寿司屋をやっているのなら、魚屋をやりなさい」という話。材料のルートは同じですからね。これも立派なトランスフォメーションです。寿司もテイクアウトはできますが、鮮度の品質の維持に問題がある。

福田　コロナ禍では、手で握る寿司に対する拒否反応がありました。寿司屋なら魚は詳しいわけで、そういう「変容」もありますね。

坂井　そうです。寿司屋がスペースを使ってイートインならば、魚屋ならテイクアウトでしょ。そういう話なんですよ。みんな、そこを何も考えないから、ややこしいことになっていく。あくまでも例ですけどね。

福田　じゃあ、プロが仕入れた選び抜かれた魚のネタを、家庭でもすぐに寿司がつくれるような状態にして、酢飯なんかも赤酢を入れたシャリを別売りにして販売したら、面白いかもしれない。まだ、誰もやっていないサービスを考えるいいチャンスです。

坂井　そうそう。魚屋も「元は寿司屋だった」ケースってめちゃくちゃあるんですよ。だから戻るわけです、もう1回。魚屋をやっていたけど、これまでの時代は寿司屋が儲かるとわかったから、寿司屋になったわけ。今も両方、隣に並んでいる店は結構多いですよ。そういうところまで考えたらいいだけの話なんですよね。

福田　寿司屋をやっていたけれど、コロナ禍になって「お客が来ないなあ、じゃあ弁当でテイクアウトやってみるか」っていう、まあそこまでは普通ですよね。

坂井　そう。それは普通の人がやるんだよね。でもそれでは現状維持より儲けるのは難しい。

福田　レストランは全部、広場のオープンテラスに戻ればいい、と（笑）。

坂井　旅関係はどうでしょうね。GoToキャンペーン含めて。

福田　星野リゾート代表の星野佳路《よしはる》さんから聞いた話ですが、旅行は15兆円産業でその8割、約11〜12兆円ぐらいが国内旅行なので、日本人は元々海外にはあまり行かないんですよね。なので、GoToや地域クーポンで3兆円くらいを国内旅行で上乗せできれば、前年比較でマーケットが上回る可能性もある。さらに、アフターコロナで海外渡航も自由になれば、旅行業界はより拡大できる成長産業になっていきます。

坂井　僕は、自宅の近くにホテルができると、家から1キロとか200メートルしか離れていないところに、わざわざ泊まりに行くんですよ、かみさんと一緒に。理由は面白い体験だからで、それも旅行の範疇ですね。移動代もかかりませんから、そんな遊びをもっと進めればいいと思いますけどね。

福田　なるほど。これからは、「ラストワンマイルの旅」も増えると。世の中のマーケッターは、そういうビジネスチャンスに目をつけること、それがDX化ですよね。

坂井　繰り返しになりますが、ホームセンターのカインズが好調な背景にある「**不便益性」は、すごく重要なマーケティングのキーワード**です。

たとえば、「これからはリモートワークで、都心にいる必要ない」ということで、地方で山を買う人が出てきたりするじゃないですか。すると、不便なことが増えるでしょ？　で、その不便益性からＤＩＹの需要が高まってくるわけです。時間もたっぷりあるし、そんな事情でカインズが儲かっていますね。そして今度は、「ここを自由に使ってください」っていう工房をつくる計画があるそうですよ。いろんなマシンを置いてね。だから小売りでも、目の付けどころが良ければ、普通に儲かる産業っていくつもありますよね。

福田　カインズといえば、ベイシアグループ（物販チェーン6社を中心に28社からなる企業集団）ですよね。作業着のブランドをアウトドア向けにおしゃれにした「WORKMAN（ワークマン）」も入っていますよね。

坂井　同じですね。そこも、不便益性に着目した、同じテイストの話ですよ。だから「不便である」ということが、マーケティングをつくっているということ。

福田　小売りの事例でいうと、アメリカの「ウォルマート」も、ＤＸがうまくいって、ネット売上高が7割増*8になりましたね。2時間以内で宅配するサービスを投入して、地域にリアル店舗があることを活用して、Amazonより速くお客様にお届けするエコシステムをつくり上げた。お客様のスマホから簡単に注文をとり、それを処理するための顧客管理、クラウド化を行い、迅速な配送網をつくった。これもＤＸモデル変換の成功例ですね。

そしてエンタメの世界でも、お笑いタレントのヒロシさんが、ＤＸに成功した例です。一発屋と称されてすっかりテレビから姿を消していたのですが、アウトドア好きが高じて「ぼっちキャンプ」をテーマにしたYouTubeをはじめたら登録が１００万人超えちゃった。YouTuberになって、「オレはもう、世捨て人になって、日本の芸能界はもういいわ！」って宣言したとたん、またブレイクしたのが面白いです。ある番組の中で、彼が「テレビの未来はもうないと感じた」と話していたのが印象的でした。売れる、売れないは別にして、ヒロシさんは、自分のビジネスモデルをチェンジし、見事にＤＸ化を成功させています。

ＤＸは、新しい発想法であり、不便益性に新しい価値を与える。

*6 鳥貴族とケンタッキーの明暗を分けたもの

*7 なぜブルックス ブラザーズは経営破綻したのか

*8 DX投資で成功した小売 大手ウォルマート

得する個人情報の時代

坂井　不便益性というワードが出たところで、ＤＸで今重要なキーワードをほかにも４つ挙げておきますね。この４つが、Withコロナのキーワードだと思うので。

①Flexibility（フレキシビリティ）
ビジネスシーンでは、「柔軟性、臨機応変さ」で用いる。

②Traceability（トレーサビリティ）
トレース（Trace：追跡）とアビリティ（Ability：能力）を組み合わせた言葉で、日本語では「追跡可能性」と訳される。

③Diversity（ダイバーシティ）
「多様性」を意味し、企業経営の分野で、年齢、性別、国籍、学歴、職歴、人種、民族、宗教、性的指向、障害の有無などの違いに捉われず多様な人材を登用し、活かすことで、組織の競争力を高めようとする取り組み。

④Mixed Reality（ミクスト・リアリティ）
バーチャルと現物の融合した世界をつくり出す技術。ＭＲ、複合現実とも呼ばれる。

福田　なるほど。①の「Flexibility」は、さっきの「寿司屋が魚屋に戻る」という話に象徴されていますね。②の「Traceability」はどうでしょう？

坂井　元々トレーサビリティは、自動車や電子部品、食品、医薬品などの業界の概念でした。導入すれば、商品の流通について正確に把握できるようになります。万が一問題が発生しても、原因を特定しやすくなる。リスク管理を強化し、早い段階で原因が特定できれば、問題を最小限に留めることも容易です。その分の時間や手間も軽減されるため、コスト面でもメリットがあるところから、生産工程や流通から発生した言葉のようです。今後はＲＦＩＤ（近距離無線通信を用いた自動認識技術）やブロックチェーンなどの技術も今以上に活用されるようになるので、キーエンスやオムロンなどのテクノロジーの進化によって大きく拡大する市場です。

福田　追跡能力で、今、最も進んでいるのは中国ですね。いい意味でも悪い意味でも。

坂井　中国は、テクノロジーを使った監視社会ですからね。コロナも完璧に抑え込んだ段階がありましたし。

福田　（辞任表明した安倍晋三元首相の後継を決める）総裁選で、候補者だった岸田文雄前政調会長は当時から、「データ庁」を設ける必要性を挙げていましたよね。「デジタル庁」ではなくて「データ庁」としたのは、「データの重要性がわかっているってことだな」と思いましたけども。でも、役所の紙文書やスタンプラリーのような稟議の押印の多さなど、データ以前にＤＸのほうが先ですよね。

坂井　以前、新宿の歌舞伎町でコロナの陽性者を見つけるＰＣＲ検査をしていたじゃないですか。でもニュースなどでその光景を見ると、スタッフ全員がみんな紙のメモを取っているんですよ。「普通、それデジタルでしょ」と思いましたね。「スマホを見せてください」と言えば済む話なんですよ、本当は。その人がどこにいたか、追跡データは全部スマホが知っているわけなので、一発でわかる。でも今の民主主義は、こういう個人情報の保護の観点で難しいですね。おそらく韓国や中国は、それに近いテクノロジーの方法をとっているんでしょうね。

福田　日本も早くＤＸ化しないと、スウェーデン、エストニアのようなデジタル先進国*9に追いつけない。だから企業も、へなちょこIT担当役員だったら何もできない。エストニアは、イギリスの公文書の3％ぐらいしかペーパーがなくて、離婚と結婚と不動産以外は全部デジタルデータなんですよね。

坂井　エストニアあたりが1番か2番かというと、イギリスがたぶん5番か6番で、アメリカ政府はかなりDXが遅れていて10番ぐらい。日本はというと50番ぐらいだと思うんだけど……（笑）。

福田　エストニアではじまった自己主権型ID。まあこれは難民など、銀行口座を持たない人たちのためにつくられた制度ですけども。日本のデジタル庁もマイナンバーカードを進化させるしかないから。あれに個人のパーソナルデータを入れて、なおかつ本人の許可によって「開示できる・できない」っていうオプションを付けてやれば、少しはスウェーデンに近づきますね。それにしても、運転免許証でしかID確認するものがないから、高齢者が免許返上せず、暴走運転が問題になっている側面もある。何年もかけずにマイナンバーと免許証の統合は進めてほしいものです。技術的には中央集権じゃないデータ管理ができるし、それならば国民総背番号制が悪用される懸念なんてないと思います。

順位	2014年		2016年		2018年		2020年	
1	韓国	0.9462	英国	0.9193	デンマーク	0.9150	デンマーク	0.9758
2	オーストラリア	0.9103	オーストラリア	0.9143	オーストラリア	0.9053	韓国	0.9560
3	シンガポール	0.9076	韓国	0.8915	韓国	0.9010	エストニア	0.9473
4	フランス	0.8938	シンガポール	0.8828	英国	0.8999	フィンランド	0.9452
5	オランダ	0.8897	フィンランド	0.8817	スウェーデン	0.8882	オーストラリア	0.9432
6	日本	0.8874	スウェーデン	0.8704	フィンランド	0.8815	スウェーデン	0.9358
7	米国	0.8748	オランダ	0.8659	シンガポール	0.8812	英国	0.9358
8	英国	0.8695	ニュージーランド	0.8653	ニュージーランド	0.8806	ニュージーランド	0.9339
9	ニュージーランド	0.8644	デンマーク	0.8510	フランス	0.8790	米国	0.9297
10	フィンランド	0.8449	フランス	0.8456	日本	0.8783	オランダ	0.9228
11	カナダ	0.8418	日本	0.8440	米国	0.8769	シンガポール	0.9150
12	スペイン	0.8410	米国	0.8420	ドイツ	0.8765	アイスランド	0.9101
13	ノルウェイ	0.8357	エストニア	0.8334	オランダ	0.8757	ノルウェイ	0.9064
14	スウェーデン	0.8225	カナダ	0.8285	ノルウェイ	0.8557	日本	0.8989
15	エストニア	0.8180	ドイツ	0.8210	スイス	0.8520	オーストリア	0.8914
16	デンマーク	0.8162	オーストリア	0.8208	エストニア	0.8486	スイス	0.8907
17	イスラエル	0.8162	スペイン	0.8135	スペイン	0.8415	スペイン	0.8801
18	バーレーン	0.8089	ノルウェイ	0.8117	ルクセンブルク	0.8334	キプロス	0.8731
19	アイスランド	0.7970	ベルギー	0.7874	アイスランド	0.8316	フランス	0.8718
20	オーストリア	0.7912	イスラエル	0.7806	オーストリア	0.8301	リトアニア	0.8665

電子政府ランキング（2014年～2020年）

2020年の上位はデンマーク、韓国、エストニア、フィンランド。日本は14位。

2018年の10位からランクダウン。

日経クロステック 2020年7月13日掲載の表*を一部改変。

https://xtech.nikkei.com/atcl/nxt/news/18/08340/
※UNDESAの資料を基に日経BPガバメントテクノロジーが作成

今回のコロナ禍では、台湾のＩＴ担当大臣オードリー・タン（唐鳳）氏の対応が素晴らしかったですね。感染拡大を抑えるべくマスク・マップのシステムをわずか３日で開発・実施しました。

坂井　デジタルガバメントという発想ですね。政府にちゃんとＣＱＯ（品質向上に責任を持つ役割）という専門家がいるわけです。だから日本もGoogleやＩＢＭにいた人を政府の中に何人か置くようにしないと、まともなデジタルガバメントが生まれない。デジタルガバメントはいろんないい面があるのですが、「それは忘れました」「言っていません」「聞いていません」とは絶対に言えないようになる。だから、今の日本の政治は困ることになるでしょうね。

福田　やっぱり公文書はブロックチェーンの技術を使って残すべきですよね。これからは「あれあったかな？　なかったかな？」「あぁ、破棄しました」なんて、寝ぼけたことを言っている場合じゃない。そして国民も利便性に対する認識不足で何でもかんでも「個人情報が晒される！」って騒ぐからＤＸが遅れるんです。

坂井　個人情報なんて検索で、１秒で、ポンと出てくるようにしないとね。

福田　先日、ＮＨＫのＢＳ特集「世界のドキュメンタリー超監視社会70億の容疑者たち」という番組を観たんです。番組は「中国では、優良市民と不良住民を区別する〝社会信用システム〟の構築やウイグル民族の分離独立運動の監視にIT技術が使われている。デジタル監視網がもたらす未来とは」というもの。今、人口14億人の中国国内には、監視カメラが6億台あるらしい。民間のものは別にして。習近平が就任した時は、1億台なかったそうです。だから習近平は、国民をデータで管理するという思想を持っているんですよね。一方では、エストニアみたいに国民の健康データをすべて一元化することで、医療のイノベーションが起きた国もある。だから、国のDX化はリーダーの知見に大きく左右されます。

坂井　データというのは、生産性がありますからね。データがいかに、今の時代のビジネスの肝かというのは、テーマに即してお話ししていきますけれども、「僕らにとっていいことがあるなら、べつに自分のデータを提供するのはいいよ」っていうのが中国人の若者の考えだよね。これは合理的で、僕は別にいいと思う。

この1年間でどのくらいコロナ感染者が増えるかをグラフ化した、Googleの感染予測情報*10を検索してみてください。これは、慶應義塾大学の宮田裕章教授が日本版の予測サイトを監修しています。

Googleは、人々がどんなふうにある場所に集まるか、ジオデータ（地理的位置情報）を全部持っているので、その集合度において、これからどのくらいコロナが発生していくか計算ができる。アルゴリズムですよね。それによると、かなり増えるということは間違いない。たとえば、読者のあなたが家にいることは、iPhoneが知っています。それを取り出すやつがいるかいないかという話だけで、僕らはもうテクノロジーにすべてを知られている。どんなに隠しても秘密は持てないし、隠し事もできないということを、前提にしていたほうがいいですね。

一芸能人の不倫炎上も、ビジネスのトラストも、根っこは同じ、「僕らはもうGoogleという神様にすべて見られている」という自覚が必要だと思います。

福田　自分がどこを歩いたかの追跡は、じつはiPhoneのデフォルト機能にあるのを知らない人も多いです。国会議員だった河井夫妻の選挙違反事件も、スマホでの行動履歴データが決め手に*11なりました。

坂井　出版界でも、今ベストセラートップ5の本はほとんどが「データとＡＩ」がテーマですよね。ヤフー株式会社 ＣＳＯ（チーフストラテジーオフィサー）の安宅和人さんの著書『シン・ニホン ＡＩ×データ時代における日本の再生と人材育成』

（NewsPicksパブリッシング）も、ほとんどのページが現状分析のデータ。

福田　たしかに。ハンス・ロスリング（他）の『FACTFULNESS（ファクトフルネス）10の思い込みを乗り越え、データを基に世界を正しく見る習慣』（日経ＢＰ）とか。

坂井　ビービット社の藤井保文さんとＩＴ批評家の尾原和啓さんの『アフターデジタル　オフラインのない時代に生き残る』（日経ＢＰ）もね。今はデータだけで、売れる本がつくれちゃうんですから。

ＳＮＳを活用した個人情報の使い方で新しい信用価値ができる。

得する個人情報の時代

*9 電子政政府ランキング
エストニアは3位日本は14位

*10 AIが予測!
GoogleCOVID-19感染予測

*11 スマホで買収疑惑を検知、
河井夫妻を追い詰めたIT捜査

オフィスをなくして、新カルチャーをつくる

坂井　そして、③「Diversity」についてですね。多様性ということですけども。

福田　ところが、ですよ。最近、若い人に「Netflixで何の番組を見ていますか？」と聞くと、「リコメンドどおりで見ます」という人がむちゃくちゃ多いんですよ。その理由は、「奇を衒《てら》ったものを選ぶと、みんなと共通の話題が持てないし、仲間外れにされるから」と。だから、おすすめは『愛の不時着』です、と言われたら、もうみんな『愛の不時着』。『鬼滅の刃』が大ヒットしているといったら、みんな『鬼滅の刃』。

坂井　リスクは取らない。

福田　しかも地上波においては、「チャンネルを換えるのがもう面倒くさい」らしいです（笑）。「面倒くさい」っていう概念が、チャンネルを換えることにまで及んできちゃったんですよ。

坂井　「みんなと一緒でありたい」っていうのは、まぁそのとおりだと思うんだけれ

ども、でもそこには、ほぼ商品価値はないですよね。

福田　ないんです！

坂井　人が知らないことを知っているからこそ、価値があるのであって。

福田　だから「同調圧力」だし「フィルターバブル」が効きすぎちゃった。みんなと同じことをしているのが楽なんでしょうね。だから白人至上主義だったハリウッドは衰退して、多様性を描くNetflixが流行るのは当然の流れでしょうね。「得意なことにフォーカスし続ける」というのは、NetflixのCEO・リード・ヘイスティングスの言葉で、「**多様性を追求していくことがサービスの成長につながる**」とも語っています。同社の重役のトッド・イェリンが「Netflixのコンテンツは、万人にウケる必要はない」と語っていた記事も印象的でした。

話を戻すと、**企業の多様性を深めるには、まず手始めにオフィスをなくすこと**でしょうね。人間、海にパーンと放り込まれないと、泳げるようにならないじゃないですか。だから、ビジネスパーソンは小さなオフィス空間からリアルな世界そのものに放り出されたほうがいいと思います。

企業のオフィスって、単なる仕事場ではないんですよ。企業演劇の舞台といいますか、みんなが何かの役割を演じないといけない。それに対して、デジタルノマドといわれている、デジタルデバイスだけで世界中を放浪して働いている人たちは、つねに世界の現実と向き合って仕事しないといけないから、仕事の中身にもリアリティが盛り込まれていく。そこでは、社内ルールでは直面しない〝想定外〟ばかりが起きます。そんな時に人は多様性を知り、それと付き合っていかない限り、物事が進まないことを理解するのではないでしょうか。

坂井　たしかにね。イノベーションが起こせるような人材を育てる方法は何かというと、やはり多様性、ダイバーシティですよね。企業においては「ダイバーシティ経営」。性別、人種、国籍、宗教、年齢、学歴、職歴など多様さを活かして、企業の競争力につなげる経営上の取り組みですね。

たとえば80代の社員と10代の社員とか、男と女、ＬＧＢＴの人、黒人の人・白人の人、ハンディキャッパー、ハンディキャップのない人。企業の人材はできるだけ多様でいない限り、イノベーションは起こらないですよ。ところが日本の採用は、極めて均一。先ほどの話を聞いてもそう思ったけど、「映画まで流行っている同じものを見るのか」ということなんですよね。

福田　なぜ生物多様性が必要かというと、種が存続しないからです。たくさんの種があるから、一部の生物が進化の過程で滅亡しても、他の生物がいるから生き延びることができた。人間なんて、魚類から両生類や爬虫類や鳥類などを経て哺乳類へと進化してきたので、どんだけ変容（トランスフォーメーション）してきたことか！

坂井　ダイバーシティがなぜ重要かというと、イノベーションを起こすために大事だから。ただ、実際に企業が多様性を取り入れていくのはすごく大変です。たとえば楽天でも2012年に英語を公用語化しましたけど、これもダイバーシティを目指しているわけでしょ。でも、実際の導入はめちゃくちゃ大変。英語が不得意な人が英語でコミュニケーションしたらミスが起きるし、あっちこっちでプロジェクトが破綻していくじゃないですか。傷になるわけですよね。やはり国民性が違えばコミュニケーションの方法だって全く違うから、そこで傷つく。だからダイバーシティというのは、血みどろになるんです。生産性も一度極端に下がるのだけど、でもそこが治まると、そのあとは上がっていく。そこまでビジョンを持って取り組まない限り、単に多様性を掲げても失敗するでしょうね。

福田　もちろん、経営者自身にそのセンスが必要なのでしょうけど、それほど素養がなかったとしても、イノベーティブな企業をつくることはできると思うんです。組織論になってしまうんですけども、**社員を時間で買っているのではなくて、能力をライセンスしてもらっていると考えたら、いくらでもイノベーションを起こすことはできる。**働いている人もその会社、プロジェクトに能力を提供しながら、他の有能なスタッフと切磋琢磨して自分のスキルも高められる。中にはそれをきっかけに起業する人も現れるのではないでしょうか。均一な、言うこと聞くばっかりの人材だけでは、集合知のようなものは生まれない。もっと極端にいうと、すべてのスタッフが社員じゃなくて副業だったら、もっとたくさんのプロジェクトが実現できるかもしれない。

坂井　そう。**これまでの企業はインプット**なんだよね。

福田　上から与えられたテーマをいかにこなせるか。それだけが評価基軸だった。もう、今は仕事のスピードも上がってきているので、アウトプットを増やさないとダメ。そのためには社内だけじゃなく、ギグワーカー（労使契約を結ばず、ネット経由で空き時間に単発仕事を請け負うワークスタイルの人）やクラウドソーシングなど、外のパワーも自在に使いこなせるチームをつくれたほうがいい。

すべてのプロジェクトをアウトソースと同じ評価にしたら、完全に成果主義は貫けます。ニュースで失業率が上がったと聞くと、会社員が減って、フリーランスが増えた率のようにも思えるようになりました（笑）。

坂井　評価はアウトプットだけでね。今の日本はインプットだけを評価している。偶然ですけど、じつは僕の会社では、リモートワークの評価システムをつくっていまして。手前味噌ですが、これが結構よくできているんです。月間1人300円なので使用料も安いし、これがよく売れていますね。上司は心配でしょうがないんでしょうね。

福田　社員が考えていることがわからないことだらけの経営者の方は、ぜひ坂井さんの経営するWater Designにご連絡を（笑）。

坂井　いろんないいソフトウエアを売っていますよ（笑）。

企業カルチャーは、リーダーの思想に共鳴してつくられるもの。

サブスクがつくる新しいブランディング

福田　4つのキーワードの最後、④の「Mixed Reality」について、お話ししましょうか。これはちょっと、エンタメに寄った話にはなりますが。

坂井　今、ミュージシャンとか演劇をやっている人たちとか、コロナのせいでエンタメ業界は打撃を受けて困っていますよね。でもARとかVRとかXRとか、さらに4つめのキーワードのMR「mixed Reality」もあるじゃないですか。またサイバーエージェントが行っているARファッション体験「PORTAL」*12も、今後店舗に取って代わる可能性のある非常に現実的なARグラス技術です。これは拡張現実（AR）によって、家の中でも店舗以上に楽しく便利なショッピング体験を提供するサービスのこと。オンラインではカバーできない『生』の部分を代替できる、スマホに代わる技術です。

僕が福田さんに本当に勧めたいと思うのは、月にアポロシアターをつくっちゃうようなことです。バーチャルだから、べつに場所はどこでもいいわけ。「バーチャル渋谷」の例のように都内のどこでもいいけど。福田さんにはやっぱり、月ぐらいでやってほしいなと（笑）。それはもう規模が無限のシアターなので、Peatix（イベント管理、チケット販売、集客が行えるＷｅｂサービス）で売ればいいだけだから。そういうことが今できる状況にあるし、技術的にもさほど高額ではない。

福田　面白い！　やっぱり僕なら、灼熱の金星でビーチリゾートでもつくりますか（笑）。先日、渡辺えりさん主宰の劇団３○○《さんじゅうまる》の舞台のオンライン配信を弊社スピーディでやらせていただいたんです。えりさんの舞台のお客様は60代以上の方が多くて。その方たちが初めて「イープラス」（通信販売特化型のプレイガイド）のオンラインチケットを買って観なきゃいけなくなりました。「チケットを買ったけどメールが来ない」とか、「迷惑メールがどこにあるかもわからない」とか、「振り込み方がわからない」とか、多くの対応はあったんですけど、結果的にちゃんと黒字だったんですよ。チケットが２５００円で、あとは１０００円単位の寄付がありました。実際に芝居をリアルで行くと５０００円なんですけれども、高齢者のお客様がほとんどだから、みなさん一生懸命新しいシステムを理解して、寄付を含めてリアルと同じ価格の５０００円で振り込んでくださった方が多かったのです。涙が出ましたよね。これこそＤＸの大成果です。

坂井　素晴らしい。何が吉と出るか、そこはやってみないとわからないですね。話題になった、サザンオールスターズが横浜アリーナで開催した無観客配信ライブは、チケット代が３６００円でしたよね、たしか。無観客ながら、ステージセットはこの日のために特設し、サポートも含めたバンドはフルメンバー編成で、スタッフも通常時と同じ４００人態勢に。カメラは40台設置され、ステージ上空を動くカメラなどで迫力の映像が撮影されたという。ライブは８つのメディアで配信され、約18万人がチケットを購入。推定50万人が視聴したとされ、有料での無観客配信としては過去にない規模になりました。有料配信でチケットは３６００円（税込）だったことから、売上は約6.5億円。日本のアーティストの中でトップクラスの人気を誇るサザンだけに、稼ぐ金額も破格でした。

福田　例年、実際のライブでやっていた時の売上の６倍らしいですね。

坂井　無観客配信ライブは、理論的には無限にお客様を入れられるということですよね。

福田　サザンオールスターズがやった、矢沢永吉がやった、長渕剛がやった……と、オンラインライブの成功例がいろいろありますよね。でも、億を稼いでいるのは、トップの一部だけです。じゃあ中堅どころ、新人の人たちはどうやっていくのか。それで僕が思ったのは、**ライブラリーなどの過去の作品が少ないと、オンラインでやってもほとんどウケない**、ということです。

Netflixは、アメリカのコメディ俳優アダム・サンドラーに、２０１９年33億（全体41億円の80％）のギャラを支払っているんですよね。それで、フォーブスがまとめた前年度の「世界で最も稼ぐ男優ランキング」で9位に入った。ところがアダム・サンドラーって、人気のピークは90年代で、最近はハリウッドから映画出演依頼もほとんどなかったんです。「なのになぜ？」という答えは、Netflixのギャラ算定基準が、新作だけで評価したギャラではなくて、彼の過去のライブラリーを視聴した累積20億回以上の価値を算定したものでした。つまり、ライブラリー視聴に対しての評価だったんです。

坂井　だから、Amazonと同じように、ライブラリーが重要ということですね。

福田　はい。いわゆるロングテールですね。僕は、オンライン価値とは、ライブだけじゃないなと考えています。たとえば、すごいＸＲのショー（ライブとＡＲを組み合わせたショー）を見せても、その後のライブラリー価値をつくりにくい。

　つまりコンテンツ価値は、長く実績のあるアダム・サンドラーじゃないと成り立たない。もっというと、**ライブラリーに価値があるから、オンラインライブにも価値が出てきた。リピートして見たいと思わせないとダメ**なんだな、と思ったんです。現に、矢沢永吉はライブをオンラインで配信したのではなく、ブルーレイで販売するはずだったものをオンライン配信してみた、という実験をしているのです。つまり、生のライブ、その後のオンデマンド配信、グッズをつけた豪華パッケージを発売、という風に、コンテンツの資産価値をたくさんのウィンドウを広げて高めるきっかけになったと考えています。

　では、そこまでメガヒットがないアーティストの場合はどうするか。ＸＲなど新しいテクノロジーを徹底的に勉強して、大きなヒットをつくっていかなければなりません。それは、テレビの草創期やネットの草創期にまだ参加者が少なく、ホワイトスペース（市場の空白）がある段階で参入したほうがコンテンツも競合も少ないので、成功の打率はあがる段階なんですよね。そこを見逃さないようにしてほしいです。路上ライブをやっていた人は、それをそのままオンラインにして、さらに大舞台に立っているようなARと組み合わせて表現してみたらどうでしょう。

坂井　なるほどね。そこはリアルのステージと同じですよね。

福田　たとえば1982年にMTVでマイケル・ジャクソンのMV「スリラー」を見た時の衝撃は忘れられません。映画監督のジョン・ランディスが映画じゃなく、当時の雰囲気でいえば〝単なる〟MVを撮らせて、ドラマ仕立ての新しいMVをつくり出した。当時はMTVで、ミュージシャンが出演して、口パクで演奏しているビデオを出せば良かったんですよ。それがマイケルは、アカデミー特殊メイク賞をとることになるリック・ベイカーに特殊メイクまでさせて演技しちゃったわけですよね。僕は今こそ、ミュージシャンにそういう新しいメディアに挑戦する意欲を持ってもらいたいと思います。ギタリストのMIYAVIは、オンラインライブだけじゃなくVRライブもはじめましたよ。

坂井　たしかに今、アーティストのオンラインライブは、データで見ると、Official髭男dism（視聴者数：12万人）、星野源（視聴者数：10万人）、King Gnu（視聴者数：9万人）サカナクション（視聴者数：6万人）です（南青山タレントプロモーション2020年調査より）。「強いアーティストしか強くない」状態ですよね。

福田　はい。CDを売った時、ミュージシャンが作詞作曲した時の印税は、アメリカでいうと150円ぐらいなんですよ。日本だと80円ぐらい。それがSpotifyとかサブスクリプションモデル（定額制）になった時、ストリーミング数に応じた売上の按分になるじゃないですか。で、だいたい1ダウンロード曲あたり15円くらいの印税。つまり、CD時代の10分の1になったんですよ。でも、10分の1になったからといってみんなが仕事を失ってストリートミュージシャンになっちゃったかというと、そんなことはなく、むしろ10倍聴かれるようになった。つまり**ひとりの人間が音楽を聴く時間が増えた**んです。

でも30年前は、そんなにしょっちゅう音楽は聴いていなかった。音楽を聴くのは、ステレオセットがあって、スピーカーセットもあって、「さぁつけて、家族集まれ」みたいな。高校生がほしいレコード1枚買うのに2500円もして、12〜15曲くらい。お小遣いを貯めてようやく月に1枚買えるか買えないか。その後、ウォークマンが普及して、音楽がひとり専用で聴けるようになった。だから、音楽は定額で聴き放題。値段はデフレしても、音楽の消費量が増えているので、印税が減っても生きていける。

さらに、テクノロジーの発展で、ミュージシャンは大手音楽出版社に属さなくても、自分で容易に音源をつくることができるようになって、世界配信もスマホからできる。そして自らのSNSで情報発信をすれば、ヒットを出せる可能性がある。以前はCDがないと世の中に届かなかったのが、DXによって変わったんですよね。

坂井　Spotify、Apple Music、LINE MUSIC、AWA、YouTube Musicと音楽アプリも増加の一方ですね。**音楽で生きていく能力は、オーディエンスや彼らへのリーチ、自分たちの出力にファンがアクセスする方法など、いわゆるファンベースマーケティングそのもの**ですね。米国レコード協会の今週に出た最新の報告によると、録音された音楽の売上は、じつは2020年の前半に増加しています。いうまでもなくそれは、パンデミックの引き籠もり需要もあり、音楽ストリーミングが成長したおかげですね。

福田　歌が上手いアーティストの場合は、録ってそのまま配信していいわけじゃないですか。自社の話で恐縮ですが、所属アーティストのレイヤマダ*13という女性ボーカリストについては、そうやって、世界中に配信しています。パンデミックで自宅に蟄居させられても、新曲をどんどん世界中に配信できます。これこそが、ミュージシャンのＤＸそのものですよね。

坂井　なるほど。それも、仮説立案能力から発展するＤＸですよね。そういうグローバルな視点を持つためにも、個人のＤＸ度を上げて日本以外で起こっていることについて、質のいい情報収集をするべきですよね。

　実際、急に大量の人々が家に閉じ込められて、エンターテインメントの新しい方法を求める中で、SpotifyやApple Musicなどの有料サブスクリプションが前年比で24％伸びました。ストリーミングミュージックの売上は全体で12％増え、年の前半には24億ドル（約２５４７億円）に達した。ウィズコロナ現在のアメリカでは、音楽の全売上の85％がストリーミングで、物理媒体は７％にすぎない、というデータは重要な情報ですね。

福田　おっしゃるとおりです。コロナ禍の初期に病院に行かずともＰＣＲ検査できたり、実効再生産数（Effective Reproduction Number）*などの指標を知っていたりする人は、たいてい海外のニュースに精通した人でした。一方で、同じ国の同じメディアにしか接していない人は、ＳＮＳで国や為政者に文句ばかりの投稿を繰り返していますよね。**メディアの多様性もさることながら、ポストコロナは自分の情報リソース**

の多様性も意識することが大切と気づかされました。これからは、新しい情報収集を試してみる機会を持ったほうがいいですよね。

坂井　音楽で生きていく能力は、オーディエンスや彼らへのリーチ、自分たちの出力にファンがアクセスする方法など、様々な要素に依存します。これはアーティスト、小説家、ムービー、ゲームなどのクリエイティブも同じです。**クリエイティブの新世界は「AI＋5G＋クラウド」のトライアングルで激変**します。

ソフトバンクが提供するクラウドゲームサービス「GeForce NOW」*14の国内向けサービスがはじまりました。ゲームで遊ぶ時に発生する負荷がかかるデータ処理を「GeForce NOW」のサーバー側で行った上でストリーミング配信するため、高負荷な処理ができないパソコンやタブレット、スマートフォンなどデバイスの種類を問わずに、高性能を要求するゲームがいつでもどこでも楽しめるようになります。場所やデバイスも問わず、Apple Storeでアプリの販売手数料30％取られることもなく自由にプレイできるのです。

*疫学において、感染症に感染した一人の感染者が、誰も免疫を持たない集団に加わった時、平均して何人に直接感染さ

せるかという人数。

一発のヒット曲より、人のブランド化が利益を生み出す。

*12 サイバーエージェント AR
ファッション体験「PORTAL」

*13 圧倒的歌唱力の女性ボー
カリスト・レイヤマダ

*14 ソフトバンクが提供する
クラウドゲームサービス
「GeForce NOW」

デジタルでしか見えない着眼点

福田　エンタメ系のライブイベントについては、「コロナと共にどう変革していけば良いか」という質問を多く受けています。先程のサザンの例じゃないですけど、**少なくとも今は、みんなスマホの前にいる。**スマホの前がアリーナと一緒ですから。

　ワクチンが届かない間は少なくとも1年半。２０２２年の4月1日に、２０１９年の12月の状況に戻ると僕は見ています。それまではマスクをしてソーシャルディスタンスをとる生活が続くでしょうね。ただアートに関しては、好きな人は作品のことをわかっているので、リアルと同じようにオンラインで買う市場が増えると思います。アート購入のモチベーションの中に、色やかたち、描写が好きだというのと同じくらい、作者の考えや生き方に対する第三者の評価があります。ＳＮＳ時代はそれらを提示しやすいので、オンライン販売は実作品以上のプレゼンテーションをすることができます。

　そして家というフィジカルな場所がありますから、オンラインギャラリーを通じて購入するという流れは盛んになるでしょうね。家具メーカーがコロナ禍で増収しているのも同じ背景ですよね。

坂井　Googleが世界中の美術館をドキュメントに入れてある、Google Arts & Culture[*15]は必見です。Google Arts & Cultureでは、世界中のアートや文化遺産を持っている1000以上の美術館と提携していて、高彩度のデジタルアーカイブをオンライン配信しています。それらは、アプリやVRでも楽しむことができます。「Google アート」で検索すると誰でも無料で見ることができ、しかも美術館のウォークスルー体験ができる。右を見たり左を見たりね。クオリティやお金のかけ方では、世界最大のデジタルミュージアムです。

福田　さらに、彼らはギガピクセル「Art Camera」[*16]も開発して、精緻なアーカイブづくりに欠かせないのはもとより、人間の目で見えないデジタルならではの発見も可能にしました。

坂井　それで何が起こるかというと、美術館に行っても、肉眼では見ることできないくらいの細部まで見えます。たとえばモナリザは寄れても、せいぜい1メートルぐらいまででしょう。モナリザを1センチの距離で見た人はいない。それがデジタルでは見えるんですよ。リアルには限界があるけれど、デジタルなら見ることができる。

福田　パリではモナリザの前には警備員がいるので、ずいぶんの遠くからの鑑賞になっちゃいます。以前Googleパリでいくつかアート作品をデジタルで見せてもらいました。ピーテル・ブリューゲルの『穀物の収穫』（1565年頃）を拡大すると……。「6人の裸婦が池の畔で水浴びを楽しんでいる」と思われていた絵画が、デジタルの目で拡大すると、じつは5人とひとつの岩だった！ということが発見された。つまり、肉眼で見えないアートも、テクノロジーを駆使して見ることができたのです。これは大発見でね。こんなに長い間、それがわからなかったのはすごいことですよね。

坂井　この部門は非営利で活動していて、パリのまるで城のようなオフィスでは、35人のテクノロジストが働いています。その中で、HTC Vive（VRシステム）を活用したVRブラシ（Tilt brush）が開発されました。難しいプログラムなしに、自由にVRで絵を描くことができます。福田さんが以前、新宿につくった世界初のVRアートギャラリーでの作品も、このTilt brushで描かれていましたね。

福田　はい。2016年9月1日に、新しいデジタル表現の試みとして、東京に白い空間だけの「VRギャラリー」をつくりました（現在は閉館）。

坂井　非常に話題になりましたよね。

福田　ありがとうございます。ことの経緯は、2016年の6月に坂井さんからGoogleのディレクターだったアミット・スード（Amit Sood）*17を紹介してもらったところからはじまったんですよね。

坂井　そうでしたね。アミットは、パリで「Google Cultural Institute」を取り仕切っていた人です。彼とアートとのかかわりは、「故郷のインドでは、世界のアートが見られない。そんな人たちに向けて、デジタルを通じてアートを見せたい」という思いからです。彼の背景に興味のある人は、ぜひ彼のTEDを見てください。

福田　当時アミットから、「日本のアーティストをパリに招くから、VRアートをつくってみないか？」という誘いをもらいましたが、「手っ取り早く東京につくってしまえ」と。そこで10名以上のアーティストが世界初のVRアートに挑戦してくれました。

VRギャラリーの試みは、リアルをネット空間で見せるのではなく、ネット空間をリアルな場所に持ってくることでした。ヘッドセットをかけると、ギャラリー空間に巨大な立体作品が現れる仕組みで、お客様はそのアートの中に入り込んで、空間と一体になってアートを楽しむことができました。

坂井　つまり、体験の提供ですよね。

福田　おっしゃるとおりです。アート業界もコロナの影響でＤＸが迫られ、ＶＲ（Online Viewing Room）が流行っていますけれども、「リアルなアートをバーチャルでも見られますよ」というだけでは、単なるギャラリーのオンライン化に過ぎないと思いますね。

だから「**デジタルは、アナログのオマケではなくて、デジタルはデジタルなりの新しいコンテンツを生み出すもの**」という考え方が重要ではないでしょうか。

坂井　先述のGoogleのチームのGoogle Arts & Cultureは、参考になると思います。

福田　たしかに。Googleのチームが美術館を口説いて、今はすごくたくさんのオンライン美術館になっていますしね。

ちょっと宣伝をしますと、ロサンゼルスにある弊社の「Speedy Gallery」*18では、ロンドンの「V21 Artspace」と組んで、ギャラリー連動の３Ｄパブリックビューイングサイトを開始しました。要は、ＶＲでの完全再現です。これは日本のギャラリーとしては初の取り組み。で、5G時代をにらんで、コロナ禍でもあって、早めに開始しましたが、「スマホで歩ける美術館」として話題になりました。「V21 Artspace」は、「Hauser & Wirth」（ロンドン、香港、ニューヨークなど）や「Nottingham Contemporary」（ノッティンガムのレースマーケットエリアにある現代アートセンター）の展示会からガダービー博物館・美術館、ノッティンガム城など一流ギャラリーのオンラインサイトを手掛けたチームです。

坂井　素晴らしいテクノロジーの活用ですね。

オフライン生活をすべてオンラインにすることでイノベーションが起きる。

*15 世界中のアートを鑑賞できる「Google Arts & Culture」

*16 デジタルならではの発見を可能にした「Art Camera」

*17「Google Cultural Institute」のディレクターアミット・スードの TED

*18「Speedy Gallery」とロンドンの「V21 Artspace」

タレントのＤＸ化

福田　先程、少し触れましたけれども、芸能の仕事をしていることもあって、「タレントのＤＸ化」というものを考えているんですよ。

坂井　というのは？

福田　たとえば、地上波では普通に人気があって、バラエティ番組にも呼ばれるような芸人さんが、YouTuberになるとなぜ面白くなくなるのか。ネット上の人気が今ひとつ出ないのはなぜかと考えたのがきっかけです。

坂井　そうね。要するにファンのほうが、ずっと目が肥えているから。で、そんな新しいリテラシーが要求される戦場に、古い業界からきた人が勝てるわけがないですよね。

福田　以前、吉本興業の騒動で多数の芸人さんが、芸能事務所に所属しているよりも自由度が高そうなエージェント制が良いということで、所属を辞めてYouTuberになりました。マネタイズできている方は、中田敦彦さんの「YouTube大学」とかまだごく一部の芸人さんだけですが、こういう動きも「タレントのＤＸ」だと思っています。地上波テレビの長すぎた春の終焉を感じます。

坂井　西野亮廣さんのオンラインサロンもすごいですよね。ファンが７万人ですよ。毎月１０００円の会費で年間７億を超えますね。

福田　彼は本当にユニークですよね。芸人の枠を越えて、クリエイターだし、マーケッターでもあるし、本当に素晴らしい。

坂井　一芸人の前に、ビジネスマンなんですよね。だから、ビジネスマンとしての彼に対しての講演依頼がめちゃくちゃ多いそうですよ。

　彼は国内外で個展やイベントを仕掛けるのですが、その時は手伝ってくれるスタッフをサロン内で募集しています。募集の仕方は様々。ボランティアスタッフとして募集する場合もあれば、ＰＶをつくったり、テレビＣＭをつくったりする場合はまとまった予算を渡して製作をお願いする。特別な経験……たとえばエッフェル塔の個展の設営みたいなのは、参加費をもらって働いてもらう場合もあったりします。このうち、世間的な理解がされないのは、最後の、「お金を取って働かせる」。お客様側からすると「お金を払って働く」という、超絶ブラックな労働環境に思えるのですが、これに関して西野さんは、「お金を払って、火をつけて、肉を焼いているBBQ」を想像していただけるといいかもしれません。あれの凄い版です」と語っています。

国民総発信のSNS時代においては、「面白い仕事をしている」というのは、何ものにも代えがたいセルフブランディングなので、会員の喜びになるんですね。

福田　なるほど。だからこそ、SNSに関心のない人は損をしている、ということでもありますね。以前、無印良品の金井政明会長が「稲刈り体験の参加費を4000円で開催したら申し込みが満杯で、昨年できたお米でつくった弁当を振る舞ったら、参加者が毎年やりたいと好評だった」と聞きました。農業そのものは人手不足で困っているのに、発想を変えるだけで人気が出るのと一緒ですね。

タレントの独立にしても、経営のことがわかっていないとダメなんです。経営は、芸能のセンスとは違う仕事があります。会計も弁護士も付き人も、自分が社長となってコントロールしなければならないし、その道のりは険しいんです。でも、中田敦彦さんや西野亮廣さんのように経営センスある人は、サロンメンバーからチームを組成してビジネスでも成功していますよね。つまり、**地上波芸能人がネットで人気が出ない理由は、その人のDX度とある程度比例している**と思います。

デジタル系のタレントで、ただトラフィックを集めるのが上手なだけの職人インフルエンサーは、どんどん消えていきます。芸能人でもインフルエンサーでも、ＤＸを成功させるのは至難のことなのです。

坂井　そうなんですよね。**デジタルリテラシーとマネージメントの両刀遣いが生き残りますね。**そして真にファンを大事にする、ファンベースマーケティングの徹底につきますね。

福田　おっしゃるとおりです。今若者にウケているYouTuberの中に、「ヘラヘラ三銃士」[*19]という女性の３人組がいます。無人島生活をしていて、アカウント開設後、２０２１年１月時点でチャンネル登録者数が93万人突破。あと「たなかです」[*20]という、元アーティストのYouTuberは約６万。彼は焼き芋を売るというフレームから関連したコマースを立ち上げて、商品は即完売だそうです。

デジタル世代のタレントは、YouTubeのトラフィックを、Google AdSenseというプログラムでマネタイズします。どの部分で人気が跳ねているか、秒単位で分析して、クリエイティブを最適化しています。トラッキングデータを完璧に取ってやっている。だからもう、電通とか博報堂とかそういう世界じゃなくて、完全にＡＩ、アドテクの世界なんです。

坂井 面白いですよね。芸人でもタレントでも、経営センスのある人は自分のコンテンツにいろんなビジネスフレームを仕組んでいて、マネタイズできるように考えられているんですよね。

福田 ヘラヘラ三銃士の場合はフォロワー数の93万がすごいというより、ひとつひとつのコンテンツのバズリ方が80万回とか100万回なんです。つまりフォロワーではなくて、作品がいいんですね。フォロワー主義の人が多いけど、そうではなくてコンテンツ主義。この人たちにクライアントが仕事を頼むと、半年待たされるそうです。

坂井 そう、だからコンテンツをつくらなきゃダメなんですよね。逆にいうと、自分でコンテンツをつくることができて一定のファンがいれば、それはもう1万人でも1000人でもやりようがあるわけですよね。たとえ1000人のオンラインサロンでも。

福田 インターネットの歴史は、検索の歴史であり、プラットフォームの歴史です。Yahoo、Googleにはじまり、iモード、モバゲー、インスタグラムと続きます。でも、YouTuberやサロンが生まれてきて、インターネットの歴史が20年経ってはじめて、コンテンツの時代が来たように感じます。

YouTubeで流行っている人たちに「うちに所属しませんか」と芸能プロダクションからオファーがくるらしいんですけど、「それだと従来の活動ができないから」と断るそうです。つまり売れているYouTuberは、エージェントもマネジメントもいらない。自分たちで何でもやれるから、必要ない。でも、一度炎上したら守ってくれる人はいないから終わりです。

一方旧来の芸能人や芸能プロダクションは、仕事が来るのを待っていたわけですよ。でも今は、YouTuberのようにテレビタレントもオウンドメディア（自分のＳＮＳメディア）が持てるから、企画力のある人は自分で稼げるようになっている。だから「タレントのＤＸ化」が、これからは必要になってきます。

坂井　同感です。たとえば資生堂のＣＭに出たいなら、その路線で受けるファンのボリュームを持つことですね。今はやっぱり「インスタグラムに何人フォロワーがいるの？」みたいなことでしか、タレントの決め手がなくなっているから。

福田　これからのタレントは、資生堂からのオファーを待っているのではなくて、自分で資生堂的なコンテンツをやっていくＤ２Ｃ（Direct to Consumer）のモデルでいかないとダメですね。

芸能人に限らずビジネスパーソンにもいえることですが、「個人のDX化」＋「ファンベースマーケティング」＋「社会との接点」＝新しいビジネスモデルという図式です。YouTubeでもオンラインサロンでも、ファンを大切にしてコミュニティにすると、チームで表現できるようになる。小規模でも、社会のニーズを的確に捉えて潤いを与えることができたら、それはそれで成立する新しい社会が生まれるということですね。組織は上下ではなく、左右水平の関係になっていくでしょう。もし、そこに上下関係ができるとすれば、メンターと先輩、後輩。師匠、弟子の関係。そこは金銭の結びつきじゃなくて、愛と信頼の結びつきになってきます。

坂井　丸井グループがＤ２Ｃについて非常に熱心なのはそこなんですよね。地元の店舗を使わずにビジネスをしたいというのが、代表の青井浩さんの発想です。

福田　クラウドファンディングのCAMPFIREと組みましたね。丸井はデパート店舗を貸すのではなく、「ネットで流行った店舗の価値をリアルでシェアしよう」という新しい考え方を生み出しました。そしてMAKUAKEも、「クラウドファンディング」という言葉を使わなくなりましたよね。

坂井　MAKUAKEは、「販売支援」という言葉にしました。「ファンド」じゃないと。

福田　メーカーとマーケティング力を足したような存在ですよね。日本の場合は東日本大震災からクラウドファンディングの文化がはじまっているので、どうしても「人助け」というイメージがある。アメリカはもう完全に物づくりのプラットフォームになっています。日本のクラウドファンディングは、それらの歴史を踏まえたコミュニティを活かした、ファンベースのプラットフォームになっていくのではないでしょうか。

面白いことをしている。それがセルフブランディングになる。

*19 “女子のリアル” を赤裸々に伝える内容で人気のヘラヘラ三銃士

*20 プロアーティストから焼きいも屋に転身の YouTuber「たなかです」

広告効果をＡＩが採点

坂井　広告とＤＸの事例では、ネスレ日本が挙げられます。

ネスレは２０１６年からＤＸ推進施策として、広告効果データをリアルタイムで見ることができる、データ分析ツールの導入を開始しました。複数のメディアを横断して広告を出広していたとしても、データをひとつのダッシュボード上で一元管理することができる環境を整備したんです。それで広告会社からのレポートを待たずとも、その時々の結果を見ながら、次のアクションを実行して高速でＰＤＣＡ（生産技術における品質管理などの継続的改善手法。Plan→Do→Check→Actの４段階を繰り返すことによって、業務を継続的に改善する）を回すことが可能になったという。成功事例では、「キットカット」のプレミアムレンジと、「キットカット ショコラトリー」のキャンペーンがありますね。

日本のＷｅｂ広告費を取引手法別に見ると[*21]、運用型広告が１兆３２６７億円で、Ｗｅｂ広告費全体の79・８％を占めています。純広告や従来のマス広告といった予約型広告とは違い、予算に合わせて配信期間や方法を柔軟に変えられるため、ＰＤＣＡを回しやすいことが特徴です。リスティング（検索連動型）広告、リターゲティング広告、ＤＳＰ広告など様々な種類があり、前年比１１５・２％と成長し続けています。しかし最もシェアが高いのはやはりリスティング広告です。

広告種別に見ると、リスティング広告が６６８３億円で40・２％と最も構成比が高くなっています。顧客の消費行動にはＷｅｂ上での検索行動がもはや欠かせなくなってきているため、検索キーワードに連動して表示されるリスティング広告はユーザーの目に入る機会が多く、ニーズが高いものと思われます。このあたりの分析には、ユーザ行動をひとりひとり可視化して、「行動の背景や理由」を明らかにする新しい解析ツールがあり、冒頭でもお伝えした「USERGRAM」という優れたツールをビービット社が持っています。

福田　その中でも最も伸びているのは動画広告ですね。YouTubeやTikTokといった動画コンテンツの人気拡大や、５Ｇの商用サービス開始などもあり、動画広告が前年比１５７・１％の３１８４億円（60年の歴史を誇るテレビ広告費１兆８６１２億円の17％まで迫っている）と、大きく伸長しました。動きや音からも訴求できる動画広告

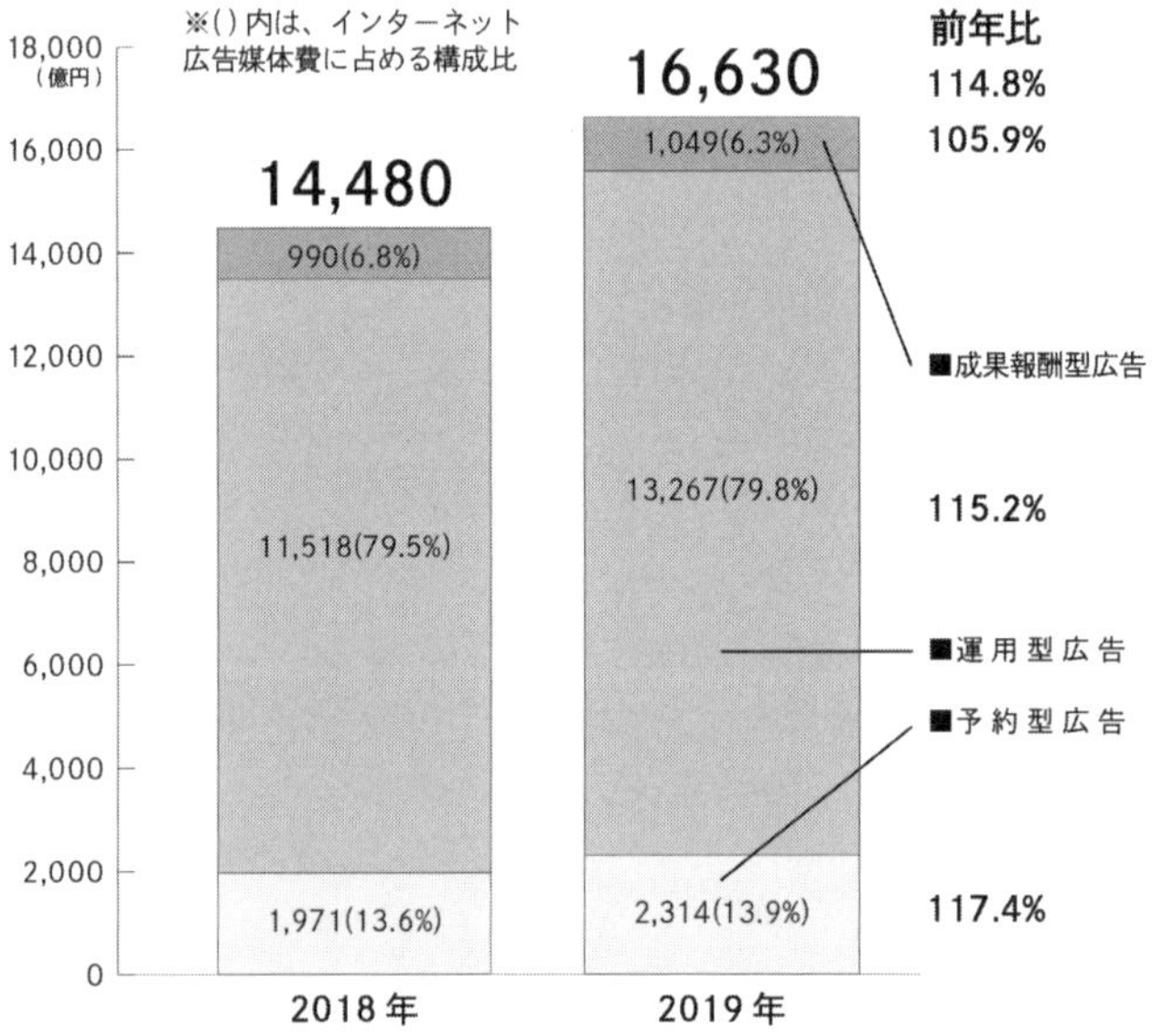

【インターネット広告媒体費の取引手法別構成比】
インターネット広告媒体費を取引手法別に見ると、現在の主流となっている運用型広告は1兆3,267億円（インターネット広告媒体費全体の79.8%）。次いで予約型広告（同13.9%）、成果報酬型広告（同6.3%）となった。また運用型広告は前年比115.2%、予約型広告も同117.4%となり、いずれも2桁成長となった。
（出典／2019年 日本の広告費 インターネット広告媒体費 詳細分析 D2C/CCI/電通/電通デジタルが共同 https://www.dentsu.co.jp/news/release/2020/0317-010029.html）

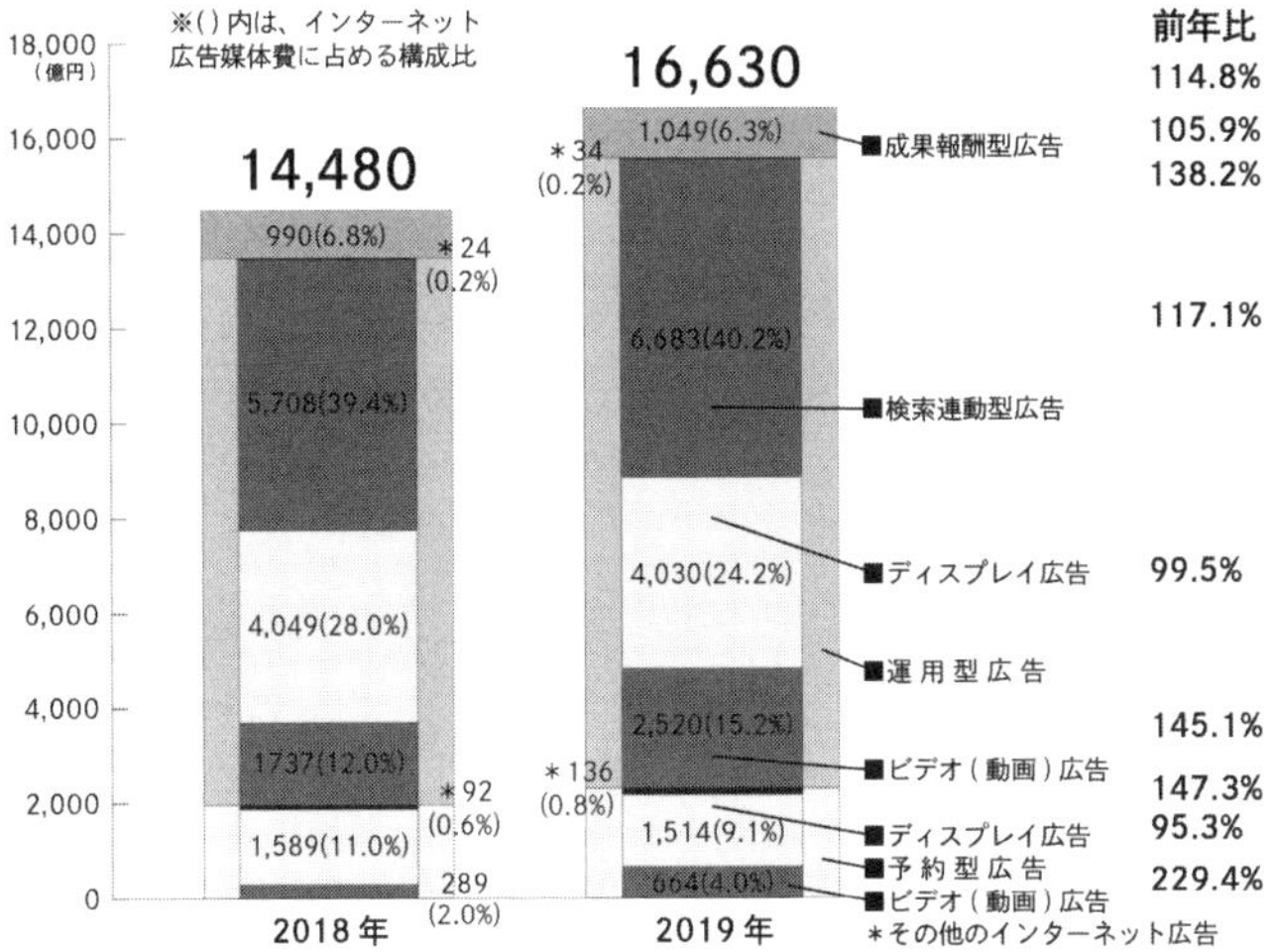

【インターネット広告媒体費の取引手法別×広告種別構成比】
取引手法別×広告種別では、運用型の検索連動型広告が全体の40.2%と最も構成比が大きく、次いで運用型のディスプレイ広告が24.2%と続いた。また運用型のディスプレイ広告が微減となる一方でビデオ（動画）広告は運用型（前年比145.1%）も予約型（同229.4%）も大きく伸長した。
（出典／2019年 日本の広告費 インターネット広告媒体費 詳細分析 D2C/CCI/電通/電通デジタルが共同 https://www.dentsu.co.jp/news/release/2020/0317-010029.html）

がＤＸ時代に伸びるのではないかと推測できます。

坂井　ユーザーの行動というのは、前出のトレーサビリティのところでもお話ししたように、すでにひとりひとり追跡されているということですね。その中に放り込む広告というのは、当然従来型の、個々の情報を知らない時のマスの広告とは全然違う、という話。

福田　ただ依然として、広告費の中に占めるテレビ広告の割合が多い。なぜなら、一番認知効果があるんですね。カバーがとれる。ところが、効果があるかどうか、会社で一番説明しにくい媒体なんです。デジタル予算は確実に広告効果がわかりますので。テレビＣＭこそＤＸ化させデジタル解析をすれば、もっと意味ある媒体になると思います。

広告業界もＤＸ化の必要があります。高額なＣＭで商品が売れなかったら「いや、あれはブランディングです」みたいな言い訳はやめましょう（笑）。

ネット印刷のラクスルが「１本からテレビＣＭが打てます」という、テレビＣＭオンラインストア*22を出しましたね。それは、その１本に、いかにデータ的に正当性があるのかというのを必ず毎回、検証してくれます。これまでの「電通、博報堂との関係」にあった「まとめて出広しないと効果ないとか、良い枠が取れない」とか、そういう恣意的な、アナログな人間関係をベースにしたものから脱皮しようとしています。期せずして、コロナでテレビ広告費が落ちたことでテレビ出広の方法もデジタル管理されて、1本から買えるようになりました。DXによるテレビ広告の民主化は、ますます進むだろうなと思います。

坂井　前出のネスレは、典型的ないい事例ですね。一元管理で広告効果データをリアルタイムで見ることができる。それで、テレビがどれだけ効いたか効かないかということも、その場で毎日わかるということ。

今まで、電・博は月動単位でレポートをくれていたけれども、毎日毎時は出ないじゃないですか。そこをネスレは独自に、毎時・毎分・毎秒わかるようにしちゃった。これは中国の「猫目電影」と同じですよ。

福田　「猫目電影」は、中国のいわば「チケットぴあ」にあたる大手チケット会社です。映画などのチケットの予約窓口ですね。

坂井　そう。この「猫目電影」も一元管理で、どの映画が今どれだけ売れているか、データがどんどん動いている。中国では6割のチケッティングを担っています。要するに、もう「データがすべて」ということの証明ですよね。

福田 北京の「猫目電影」に視察に行った時、そのデータを基に映画やテレビドラマのプロダクション業務もはじめて、いくつものヒットを出しているのを知り驚きました。

日本人は、データは属性情報に過ぎないと捉えていますが、ネスレも猫目も、Googleのコロナ感染者予測など、すべて動的なデータをＡＩがラーニングして活用できるように整えている。今動いているこの瞬間、この過去のデータから解析した未来はどうなるか、的な仮説を過去のデータから機能的に引っ張り出してきている。

坂井 データは生産性があるのですよね。これからはもう、データを生きているものとして捉えるということが大事。

福田 生きているものとしてのデータを活用するためには、やっぱり過去の歴史を知らないと未来がわからないですよね。そこを理解していないと、ＤＸといっても、「ＡＩがいろんなものをつくり出してくれるんだろう」とか「ＡＩのロボットに人類が滅亡させられるかもしれない」とか、単純な未来絵図になっちゃう。そんなプログラムは人間がそういうふうに設定しない限り絶対に起きないわけなので。やっぱりみんな、**人の未来を夢想する力があって、それを実現するためのデータ活用がある、ということを認識してほしい**と思います。

坂井　つまり、テレビは予約型の広告なんですよね。運用型の広告というのは、その時々において、それこそ毎秒判断ができるような、リスティング広告が何％で、リターンがいくらで、ＤＳＰがどうというのが全部パネルに出てくるので判断できるということですよね。もっとテレビを減らしたほうがいいとか、増やしたほうがいいとか。

福田　ウォール街の株取引の99％はＡＩアルゴリズムをベースにしたものです。ネット広告は、バナーの視認性をライブで監視して、いくつかのクリエイティブへの反応をトラッキングしながら、クリエイティブ・オプティマイゼーション（クリック率の良いクリエイティブの要素を分析し最適化していく）を行っています。

企業のマーケティング活動の見える化がもっと進んだ時に、旧来の仕組みがもっと変わるかもしれません。人間関係のしがらみ、付き合いでやっていたものはどんどんなくなる。一方のデジタルは、「ディープラーニング＋ＡＩ」を駆使することで、徹底的に効率を追求するので、曖昧さがなくなってくる。

坂井　ビービット社のUSERGRAMのロゴは僕がデザインしたのですが、このツールを使うと、自分たちの顧客が「いつその商品を買うスイッチが押されたのか」がわかるんです。たとえば、ポルシェとしましょうか。店頭で最初にそのポルシェを見たのはいつか。そのあと何回訪れたか。どのタイミングで買ったのか。「半年経って買いました」というのがすべてわかる。好奇心のはじまりから購入までね。そのプロセスの中で、どこでどう打つべきか。迷っている時に、背中を押す時期ってあるじゃないですか。ポン！と。そういう、非常に設計されたＰＲです。

福田「よし、このタイミングで背中を押そう」っていうのはどういうタイミングでしょうか？

坂井　僕は頻度の高い時だと思う。一生懸命、１日に何度も見にくるような日がたぶんありますよね。

福田　なるほど。古いリターゲティング広告では、何か検索するとずっと追ってくるじゃないですか。それが出すぎることによって興味を失うってありますよね。

坂井　あれはアウトですよね。そんな入り口のところではなくて、もっと欲望が高まっているポイントです。

福田　ちょっと検索したくらいで追っかけてくるんじゃないよと（笑）。企業は、消費者の絶妙な〝頃合い〟をデータ蓄積していかなきゃいけないんでしょうね。

坂井　そういうことのアイデアを持たなきゃいけないですね。

福田　身近な例でいうと、洋服を買いに行って、絶妙なタイミングで勧めてくるプロ接客の人がいますよね。でも、「今話しかけられても買わない！」みたいな人もいるし。

坂井　そういうことなんです。人の購買意欲と、データの融合が求められています。

広告はマスではなく、ひとりひとりを可視化させてくる。

*21　2019 年の日本のインターネット広告媒体費 とは？

*22 ラクスルの運用型テレビCM

後編
「働き方」最前線

ノマドワーカーでスイスイ生きる

坂井　この夏に、「オフィスの見直しを7割弱の企業が実施・検討」*23という記事が出ていました。

オフィスの見直しをした企業、および見直しを検討している企業の見直し理由は、「新型コロナウイルス感染予防」「テレワークの定着」「コスト削減」など複数挙がりました。オフィスの見直しをした企業は、その理由はコロナ予防のため。リモートワークが確立したため。現状の社内スペースが必要ではなくなったため。ソーシャルディスタンスを意識したワークスペースの拡充。事業維持のためのコスト削減と新しい働き方へのオフィス構築と考えた。「オフィスとテレワークの融合」が現実的なニューノーマルでしょうね。

今までのオフィスは、「会うことで生まれるコミュニティへの参加意識やつながりを生む場」。これからは、「多様な人が集まることで生まれるイノベーションのための場」「人材育成」や「企業ビジョンや文化への共感」などを目的としたサロンにな

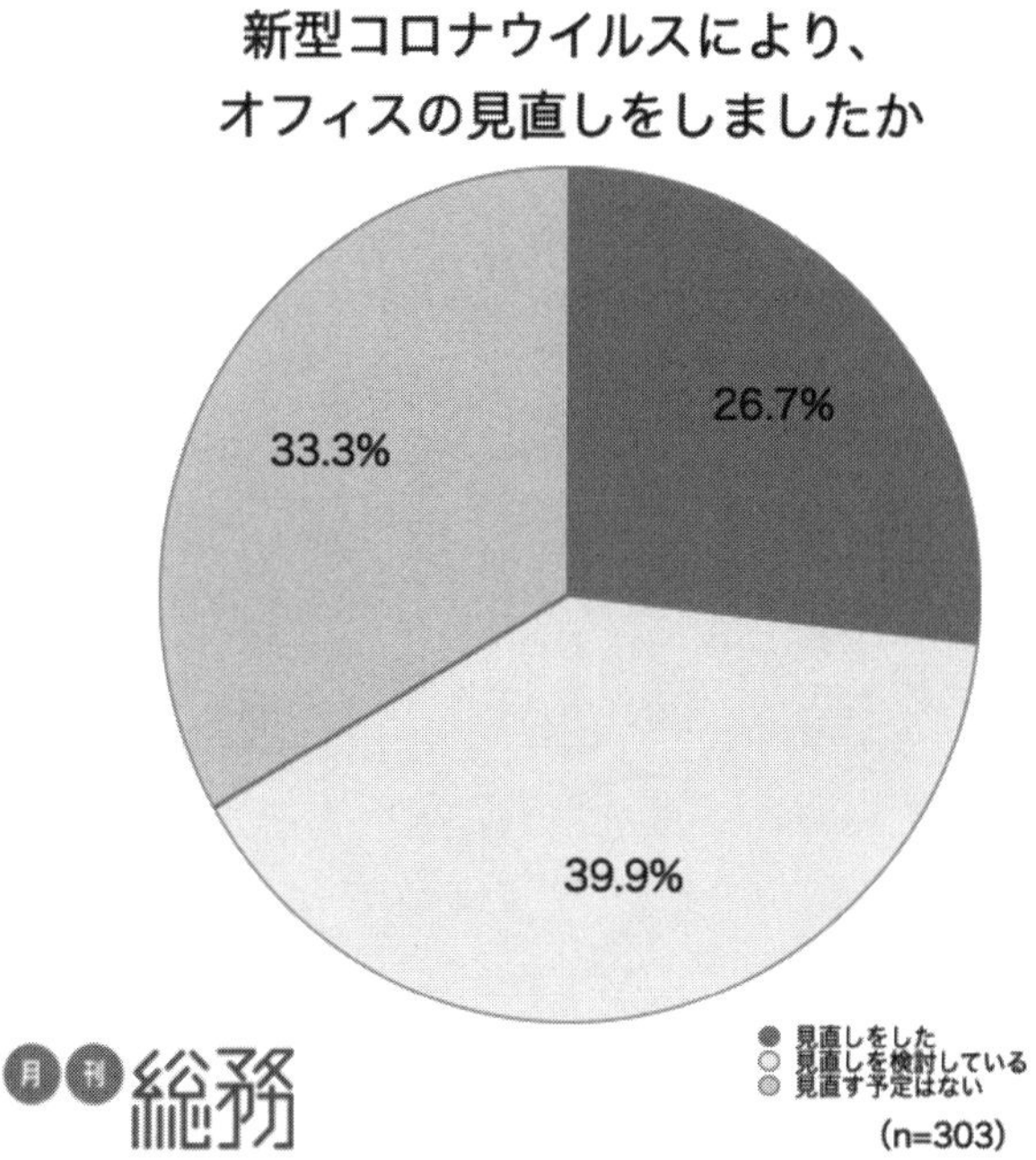

総務の専門誌「月刊総務」が2020年８月に行ったアンケートによると、新型コロナウイルスによるオフィスの見直しについての質問に対して、「見直しをした」「見直しを検討している」が合わせて66.6%と、約7割がオフィスの見直しを実施または検討していることがわかった。
（出典／月間総務l https://www.g-soumu.com/news/2020/08/officequestionnaire.php）

るのもひとつの方法ですね。

福田　はい。コロナ禍をきっかけにリモートで、オフィスという足場をなくすことはもうＤＸの最低限だと思います。足場がないということは、ふわっと宙に浮くわけじゃないですか。その不安感を少なくするのが、ＤＸの手はじめですね。オフィスがないから、リモートで仕事しなきゃならないし、それも慣れてきたら次はデジタルノマドです。働き方どころか、生き方が完全に変わって、自由を満喫できますよね。

僕は２０２０年4月の中旬の段階で「オフィスを持つのはやめた」と決めましたが、坂井さんはそれ以前にオフィスを手放していらっしゃった。連続起業家（シリアル・アントレプレナー）の孫泰蔵《そんたいぞう》さんなんて、２０１８年にオフィスを解散されているから、僕は遅かったくらいですね。これからどうやって働いたらいいのか、僕も解はわからないけれど、やっていく中でかたちができあがっていくのではないでしょうか。

坂井　そうですね。福田さんはオフィスを手放して、ご自身の仕事場は自宅にしているんですよね。

福田　はい。東京と、それと完全にリモートワークできる沖縄と2拠点あります。東京ではスタッフとフィジカルなミーティングをする時は、AI温度検知（AIを活用した顔認証デバイスとサーモグラフィカメラの組み合わせにより、発熱の疑いのある人をリアルタイムに見分ける技術）を入れ、C-UV-LED（深紫外線を使って、水や空気を浄化する技術）のライトも導入してウイルス感染を防いでいます。

坂井　福田さんは、最初から最前線でしたね（笑）。

福田　2020年初夏の段階でここまで個人でやっている人はいなかったと思います（笑）。

あと、大企業でリモートワークになっているビジネスパーソンには、多機能オフィスの需要が出てきていますよね。六本木に「カンデオホテルズ」*24というのがあって、上層階に露天風呂とサウナがある。宿泊しないリモートワークセットがあって、4500円くらいで最大6時間。部屋も温泉もサウナも全部あり、身近でワーケーション（ワーク＋バケーション）ができるわけです。

坂井　なるほどね。在宅勤務と会社のオフィス、そして「カンデオホテルズ」のようないくつかの拠点を持つ。ノマドワーカーとしてフレキシブルに働くのが現実的ですね。最近は、働く個人の好みに合った場所（温泉やジムが装備）が、定額レント代金で借りられる場所が増えていますね。企業はオフィス面積を減らしたコストでそれらを補助すれば、働き方改革が進みます。
福田　そうですね。月額4万円の定額で日本中の別荘や空き家に住め、多拠点生活できる新サービス「ADDress」*25も注目されています。みんながリモート中心になっている現在、今後は住まい環境のＤＸ化もあるでしょうね。
コロナ以降、自宅の環境を整えている人は多いですよね。カメラ目線とか、Zoomの時に自分の目線がずれてないようにしたいとか……まあいろいろあるわけですよね（笑）。たとえば「大塚家具」や「ニトリ」なんかは、そういう需要を嗅ぎ取って、自宅内オフィス向け家具が売れています。巣ごもり消費で外食も減ったので、キッチンを充実させたり、これからは一流シェフのレシピで食材を入れると３Ｄフードプリンターでその料理が食べられたり……なんてことも夢ではなくなります。
坂井　リモートでいうと、リノベーションもそうですよね。一般的に子どもが2〜3人いる家庭の中で、ワーキングルームをつくるのはなかなか大変ですよ。オン・オフを明確に切り替えたいという人には、ワークスペースを生活空間から完全に分離するのが効果的ですね。いわゆる〝SOHO〟（Small Office／Home Office）です。仕事中はそこに〝籠もる〟ことで、仕事や作業に没頭できるようになる。

福田　コロナ離婚しないよう、十分な空間と、子どもの遊ぶ場所、仕事のスペースをちゃんと確保していかないとですね。

坂井　地方に移動する人も増えましたしね。ニューヨークでは郊外のセカンドハウス需要が増加しています。コロナ問題をきっかけに、感染への警戒感とリモートワークの広がりの双方の要因に後押しされるかたちで、都市部から郊外（密から疎）、地方へと移住する動きがアメリカでは強まっている。日本でも今後、同様の動きが強まっていくと考えます。感染の状況を見ながら、郊外と都市の間で自由に住まいを移動できるようにするのもニューノーマルのひとつですね。

福田　そうですね。テレビ番組で見たのですが、従業員が50人くらいのニューヨークのＩＴ企業で、３割の人が他の州に移住したそうです。中にはテキサスまで離れた人とか。今までは、ニューヨークの１ＤＫで家賃35万円だったのに、庭付きの豪華な家に住んで楽しい……っていう。それってすごくアメリカンじゃないですか。

今は過渡期だからいいと思うんですけど、Zoom会議って、わりと日本人が好きな体裁ですよね。用があったら電話で話せばいいことを、「何曜日の何時何分ね」と設定してはじめる。コロナ禍でわりと時間はあると思うのですが、その日まで待っているという……。だから最近は「用があったら電話して」と言っています。そのほうが速いから。

坂井　うちのスタッフ周辺の若い人たちを見ていると、Zoomで打ち合わせしながら、自分の作業も普通にやっていますね。僕らよりもっと進んでいるな、と。

福田　つけっぱなし、つなぎっぱなしですか！　マルチタスクはそこまで進んでいるんですね。

坂井　ミーティングでもない、というか。あれは面白いですね。僕なんかは、あの領域まではいってないなと思って。

福田　面白いですね。自宅のそこら中にカメラ置いて、人感センサーで自動的に切り替わるようにして、オンラインでつなぎっぱなしにして話していたら、オフィスで会議するよりも新しいアイデアが湧いてくるかも！

坂井　みんな、リモートの問題を言うんですけども、そんな短期間であれこれ習得できるわけがない、というのはありますよね。車だって2か月ぐらいかけて免許を取るでしょ？　もうちょっとトレーニングを重ねていくことを考えたほうがいいですね。

リモートの問題というよりも、新たなテクノロジーの問題じゃないかと思います。ZoomにSlackがベーシックなツールですね。学ぶことがどんどん増えていく。

福田　たしかに、やれば技は覚えますよね。坂井さんのZoomの背景やカメラのポジションは初期からものすごく凝っておられますしね。「ただ者じゃないな」というオーラが画像から伝わってくる（笑）。みんな大体、パソコンからのぞいている画面じゃないですか。

坂井　僕は若干、カメラから引いていますよ。

福田　僕も引いています。あと、みんな奥行きがないですよね。後ろがカーテンとかね。奥行きの大事さはローラのインスタなどで学んでほしいです（笑）。

坂井　新しいツールを学んでこの逆境を遊べば良いですよ。とにかく、みんなで楽しく生き抜かないと、我慢だけでは無理がある。

遊びながら仕事することでしか未来は開けない。

*23「オフィスとテレワークの融合」が7割超

*24. サウナもついたワーケーションホテル「カンデオホテルズ」

*25 月額4万円で多拠点生活できる新サービス「ADDress」

「オンラインごますり」が登場？

福田　誤解を恐れずにいうと、コロナ禍であっても、会社員には給与が支払われますよね。だから「追い詰められている」という実感が乏しいから、危機感も希薄になっているのかもしれないですね。だから、前編で坂井さんがおっしゃった「外側のＤＸ」が、なかなか進まないともいえるのではないでしょうか。

坂井　要するに、ービジネスパーソンも、「〇〇〇の社員です」という立場のままでリモートになるじゃないですか。でも、その時点でギグワーカーと変わらないですよ。要するにリモート社会になったから、これまでのように時間を売るのではなくて、成果主義に変わったんですよね。

成果を生み出すために、企業も正社員採用では難しい優秀な人材、つまりＤＸの能力が問われる作業がこなせる人材を、チームの即戦力メンバーとして提供するCARRY ME*26のような人材センターも出てきました。「ビジネス界にもプロ契約を」というコンセプトのもと、サイバーエージェント、リクルート、ＤｅＮＡ、楽天などの大手出身者やスタートアップのCXO（「Chief＝組織の責任者」＋「X＝業務・機能」＋「Officer＝執行役」）経験者など正社員で採用が難しいハイレベルな人材をメンバーに迎え入れることができる。**とくにデジタルマーケティング、広報PR、セールスなどの売上・ブランディングに直結する職種が人気**です。つまり、テック分野の人材が大企業に不足していますから。

福田　おっしゃるとおりですね。昭和の時代、植木等さんが「サラリーマンは気楽な稼業」と歌っていた時代はとっくに去った。これからのニューノーマル社会においては、会社員も気楽にはしていられないですよ。社員の評価が「時間」から「成果」へと移行しちゃったから。

これまではオフィスにいることや、打合せをしたり接待をしたり、「会うこと」の時間による有効性ばかり強調されてきましたけども。コロナをきっかけに、「じつはムダな時間が多かった」ということがバレちゃったんですね。会っていることで「仕事をしている」と上司も思っていたし、自分も会社に行けば「仕事をやっている」と思っていた。「言い訳のうまいやつ」「コミュニケーションスキルの高いやつ」は、仕事の精度が高くなくても、給与が下がることはなかった。でも成果主義の企業になると事情は一変して、「いつまでにやるか」「クオリティを満たしているか」という、目標設定に対しての能力が、給与やボーナスの査定基準になりますよね。

坂井　そう。**リモートが進むほどに、企業は社員をクビにしやすくなりますよ**、確実に。「リモートの行き着く先は大量解雇か？」の投稿に、異論相次ぎました。アウトプット量が可視化され、ごまかしが効かなくなるという説が説得力を持ってきました。

福田　これまでは要領良くやっていた「会議の回し方がうまいやつ」「年功序列で中間管理職になったやつ」「上司へのごますりがうまいやつ」……等々が、「じつは仕事ができないやつ」とバレますからね。今後はもしかすると、フェイクでもいいから、「オンライン上〝オレは仕事やってます〟感をどう示していくか」といった類のビジネス指南書が出るかもしれないですよ。あるいは、「じつは課長が好きそうなLINEスタンプを見つけたので、ギフトします！」というような、新しい「オンラインごますり」分野が注目されるようになったりして（笑）。

坂井　新しい「オンラインごますり」。面白い。

福田　会社員も「追い詰められる」という事態に直面することによってはじめて、自分のDX力と向き合うってこともあるんじゃないでしょうか。だってオンライン力がなければ、「ごますり」もできないし。それだって間違いなくこれからのDXスキルかもしれませんよね。

サラリーマンは気楽な稼業じゃなくなった。

「オンラインごますり」が登場？

*26 時間や場所に捉われない
働き方を実現 CARRY ME

三密だからできる顧客満足

福田　店舗を持つ経営者の方からも、三密回避のための相談が多いんですよ。じゃあどうしているのか、経営者の方に聞くと、「入場制限しています」と言われるので、「それ全部、オポチュニティロスですよ」と伝えています。どの時間帯が混んでいるのか、いないのかという情報は、GoogleマップでGoogleマップでも連携できる。だから「空いている時間に来店された方には、クーポンをビーコンで発行しますよ」というＬＩＮＥ機能を使ってやるとかね。

坂井　そうですよね。ジオデータターゲティングとＩｏＴを使えば、店舗の三密を可視化することが可能です。顧客の位置情報を取得するには、パソコンからはインターネット上のＩＰアドレスを、携帯電話やスマートフォンではＧＰＳや最寄りの基地局などの情報をもとに、大まかな地域を特定しクーポンや広告などの提供ができます。

福田　飲食業でいうと、アルコールでテーブルを拭いているスタッフがいたり、ロックダウン直前のロサンゼルスのスーパーでは、入り口をひとつにして、お客様の手を消毒する係の人が立っていたりしたんですよ。そういうことに人件費が取られるのであれば、ＡＩロボットを導入すればいい。最新のＡＩ検温器は個人データが収集できる機能があるんです。なので、「どんな人が何時に来た」という情報は、お店にとってもマーケティング上大事ですよね。

坂井　だから、前編でお伝えした「人のＤＸ」を進化させていくと、福田さんが言うような「現場のＤＸ」がつかめるようになってくるんですよね。そうすると、解決策もわかっている経営者になってくる。**ＤＸが進まない理由として「経営者層の知識・理解不足」があり、経営者がボトルネックになってくる。**

福田　20世紀型の企業では、上の人は下のことを知らなくても仕事は回っていたのですが、21世紀のように変化の速い時代には、経営情報はほとんど現場にあるといっても過言ではないです。だから、コロナ禍のような危機的な環境においてはもっと現場を知ることでイノベーションが起こせるようになる。

ここでちょっと、僕がご相談を請けた店舗を持つ経営者の方たちの声から、シンプルなＤＸ化による解決策をまとめてみますね。

①三密回避

実店舗を持つ企業では、混雑情報や在庫情報を「見える化」して、公式サイトで公開（曜日、時間帯別の来店状況など）。また、人が少ない時間帯のダイナミックプライシングの導入（人が少ない時間帯にくればセールをやっているなど）や、LINEを活用したビーコンで来店者クーポンを発行するなど、この機会に商売が拡大できる。

②コロナ対応の省力化

AI検温マシーンを導入し、人手を省力化するだけでなく、来店者の属性情報など、データマーケティングにも活用。飲食などでは来店者にマスク入れのビニール袋を配布しているところもあるが、スマホ充電もできるC-UV-LED（深紫外線）ライトの導入が必須と考える。店内の消毒も、人手を使わずに行える除菌LEDライトや新型空調などの設備投資も大事になってくる。

③おもてなしのデジタル化

来店者がオウンドメディア（自社ウェブサイト）に登録することで、未登録の客には得られない先駆け情報やセール案内を案内する。この機会に、オムニチャネル（リアルとネットの境界を融解する試み）を進めるべき。

坂井　非常にわかりやすいですね。

福田さんの提案するDXアイデアの数々は、安価でどこでも手に入るテクノロジーを使って、「①三密回避②コロナ対応の省力化③おもてなしデジタル化」を、いかに楽しくポジティブに行い、しかも感染リスクを減少させるかという工夫の数々です。

これを現実的に解決したのが星野リゾート「界」の事例*27。星野リゾート「界」は小規模な温泉旅館ブランドで、個人旅行の顧客に人気があります。理由は全国各地の温泉地にあり、どのエリアからも車で来館しやすく、プライベート感を重視した滞在を可能にしているから。コロナによる感染の影響を減少させ、安心して過ごせるように「三密回避」と「衛生管理」の2つの対策軸を掲げて、全施設において従来のサービスを進化させています。そのひとつは、客室チェックインの実施。人との接触を避けるため、フロントでのチェックインを一時的に中止していて、部屋まで直接案内し、チェックインは部屋で行います。また、客室までエレベーターを使用する際は、利用人数の制限や、お客様同士が向き合わない工夫を行っています。

2つ目に客室での大浴場混雑状況の確認ができるようにしました。大浴場の混雑を避けるため、混雑状況を部屋で確認できる専用アプリを用意していて、三密を回避して入浴を楽しめます。3つ目は半個室（食事処）での食事の提供。界の食事処はゆったりとした半個室です。

福田　なるほど。こういうことって、DXの知識をちょっと知っているだけで、一瞬で、何なら1時間後からでも実現できる話ですよね。今は、混んでいないお店のほうがお客様もいいじゃないですか。でも、そんな簡単な対応もしていない企業や店舗は死ぬほどあるので、withコロナもポストコロナも、DX対応コンサルみたいな人はいっぱい出てくるでしょうね。現時点でこんな簡単なことができてないということは。

僕は今、沖縄の南城市でリゾート開発に着手しています。コンセプトは「三密都市を離れろ」です。単なるリゾートやワーケーション機能だけじゃなく、ポストコロナの移住可能な街の開発にまで発展できたらいいなと考えています。

今アメリカの西部の大都市に住んでいた人々が、観光地や自然公園など近所にある田舎町に移住するトレンドが起きています。この現象は、「ズームタウン化」と呼ばれていて、かつて「ブームタウン」と呼ばれた新興都市をもじったものです。コロナの感染拡大により、リモートワークをしているビジネスパーソンが6割いて、ワクチン普及後も続けると表明している大企業も多数あります。「ズームタウン」は、高速インターネット接続さえあれば、都会より素晴らしい環境で暮らせるわけですね。とくに東京のように過密でレント（家賃）で暮らす人が多い街で働く人たちの、沖縄、九州や四国のような温暖で自然の豊富な街への移住は、どんどん進むと思います。**もう三密都市で暮らす必要はない**でしょう。

ただ、都会でも、急にテラスレストランやカフェが増えましたよね。三密回避の分野はまだまだ伸び代がある。個別サウナとか、モニター越しに指導を受けられる個室エクササイズなど新しい生活にマッチした新サービスがどんどん出てきています。

坂井　テラス席で〝三密〟を回避しながら客足を回復させる狙いですね。コロナの影響を受ける飲食店などを支援する緊急措置として、国土交通省は路上利用の許可基準を緩和しましたね。「カイラ カフェ＆テラスダイニング 渋谷店」*28のテラス席ならオープンエアのつくり。広々としていて隣り合う席同士も密着しないので、コロナの対策としては適切ですね。

福田　テラス文化はパリをはじめロスでもニューヨークでも、昔からありました。なのに東京だけなかった。ニューヨークの「230フィフス・ルーフトップ」[*29]は、街が寒いからお客全員に赤いガウンを貸してくれるんです。その赤いガウンがインスタ映えするというので、寒くてもむちゃくちゃお客様が並んでいます。

そして2021年1月現在、米ファイザー／独ビオンテック、米モデルナ、英アストラゼネカ、中国シノバック・バイオテックなどがいくつかの国でワクチンが最終承認され、医療関係者への接種がはじまっています。都市部が多い先進国の12億人の50％以上が接種して集団免疫ができるまでは、週に500万人接種しても120週間（2年間以上）かかります。**人のマインドも考えたら、これから数年は、もとに戻らないでしょう**。そうなってくるとレストランや企業は三密対策をし続けなければなりません。

それを大変なことと思わずに、クリエイティブ脳で叡智を絞ってほしいと思います。前述の「230フィフス・ルーフトップ」などは通気の良い屋上なのに、ガラスのテントを配置して来客グループごとに入れることで、安全と、行きたくなるような工夫をしています。こういう〝遊び心〟が、ポストコロナでも強い企業体質をつくっていくと思います。

公衆衛生が新しいビジネスをどんどんつくるようになる。

*27 星野リゾート「界」の三密の見える化アプリ

*28 テラスで三密回避 カイラカフェ＆テラスダイニング渋谷店

*29 テラスとガウンでインスタ映えニューヨークの「230 フィフス・ルーフトップ」

リモート接客でできる〝おもてなし〟

坂井　福田さんは、ＤＸをまったくやっていない会社にＤＸの指導をするのが上手いですね。

福田　ありがとうございます。僕はコンサルしている企業には昨年の夏の段階で「リモート接客」に力を入れるようアドバイスしています。

リモートで接客できる能力は、電話営業と同じぐらい大事なんですよ。言い方は悪いですけど、カスタマーサービス＝「下請け的なポジション」と考えている経営者の方がまだ多いんですが、それは違います。来店した顧客のデータをきちんと揃えて、購買の傾向や今後の提案まで見通せるオムニチャネルの仕組みをつくっておかないといけない。**リモート接客というのは、「営業と守り」の両方が混然一体となったもの**なので、当然ＬＩＮＥでも受けなくてはいけないし、ＡＩも使わなきゃいけないし、**企業の総合力を全部出せるのが、リモート接客**。

もっと進んだ企業は、世界初のモダンカスタマーエクスペリエンスマネジメント

（CXM）プラットフォーム・Sprinklr Japanのような企業にSNS監視業務を委託し、消費者がツイートした問題を素早く見つけ出し解決して、その手際をフォロワーに見せることでブランディング向上にも役立てています。新たなカスタマーサービスについては、このSprinklr Japan代表の八木健太さんから伺った話が参考になるのではと思います。

スプリンクラーのモットーはCare is the new marketing、ということで、SNSの中身を徹底的に見ることによって、究極のカスタマーサービスを行うこと。最近のSNS世代は商品やサービスのクレームをカスタマーサービスに連絡しないで、ツイッター上でつぶやく。すると、ちゃんと監視している企業は10分以内に返信し、お客様は満足する。アメリカでは常識のことが、日本の企業ではまだ浸透していません。日本の企業は炎上すれば対応しますが、実際はカスタマーが度々投稿するクレームに対応できないと意味がない。一個人の小さなクレームでもフォロワーすべてに見られているわけで、いわば**SNSでのやり取りは、公道の出来事と同じ**なんですね。

従来のカスタマーサービスは閉じた世界の話。でもSNSのそれは、当事者のフォロワーにまで及びます。だから、**カスタマーサービスがブランディングそのものにな**

るわけです。**中の人は単なる火消しではなく、「顧客エンゲージメントの重要な担い手」**なんですね。

坂井　なるほど。リモート接客でいうと、ウェビナー（Webinar）についてもちょっと触れたほうがいいかもしれませんね。ウェビナーというのは、ウェブ（Web）とセミナー（Seminar）を組み合わせた言葉で、Webでレクチャーする人。これが今は最高の営業手段なんですよ。うちでも月4回程度の頻度で行う予定です。

福田　どういうテーマで実施されますか？

坂井　まずイノベーションリサーチのデータベースです。すでに2回終了していて、評価は5点満点の4・55点と、高得点を得ました。テーマはZ世代でした。UncoverTruth社の石川敬三CEOにはサービスの内容や効果を話してもらいます。僕はちょっと関連のあるテーマにつなげて、エンターテインメント的な話をします。終了後、アンケートなどで脈のある顧客にだけ営業がテレアポをかけます。その他、amana、beBit、REVOLVER、softedge、Vector、Gaprise、Queue、SHOPSHOPSなど、順次やっていきます。おおかたデジタルマーケティングの会社で約10社です。

福田　そのレクチャーを聞く人をどうやって集めますか？

坂井　うちにはネットワーク（約６０００人）の方のリストがあるので。メルマガ配布で１００～２００人は集まります。もっと集めたければマーケッターとして知られる和田浩子さんの30分レクチャーなどを入れることで、５００～１０００名は集まります。そうすると、参加した人からの反応があるじゃないですか。アンケートで反応をもらうような仕組みをつくるので。で、そこから営業に行く流れですね。行くといっても、当分はテレアポかZoomですけど。

福田　それは、オンラインサロンとはまた違う営業ツールですね。

坂井　オンラインサロンは有料だし、ファンコミュニケーションなので、閉じていますからね。でもウェビナーは誰が来てもいいオープンな仕組みなので、逆にお客様が増えるんですね。無料公開だから。今はもう、それしか営業の方法がないですよね。今テスト中ですが、とりあえず思いついたことは全部やろうと思っています。多くの企業がやっているので、キャストやゲストの魅力が肝になります。

ＳＮＳ上の出来事は、道端や広場と同じ場所と考えよう。

突然、シェアリングしたくなくなった

坂井　環境にやさしい、利便性が高いといった面から、拡大してきた「モノ・場所・ヒト」のシェアリングサービスですが、コロナの感染拡大により、Airbnbのように世界的に大きなダメージを受けた事業者も出ています。一方で、新たな機会を見出した事業者もある。コロナとの共存時代におけるシェアリングサービスの可能性を探ってみると。事業者では、対面型でいわゆる「三密」状態が生じるサービスや、ユーザーの外出を伴うもの、自粛が要請された対象店舗に関わるサービスなどでは売上が減少。かたや、従来からオンラインで提供されているサービスやオンラインにシフトしたサービスでは、利用が増加したケースもある。ユーザーの在宅時間が増えたことで、自宅の掃除・整理の機会が増え、メルカリや宅配型トランクルームなどのサービスでも利用が増えているといいます。

あとは自動車産業も今後長期的には課題が多いのですが、公共交通を嫌う人が相当数いたようで、トヨタ自動車は今年度（2021年3月期）の業績予想（国際会計基

準）を上方修正し、最終的な儲けを示す純利益が1兆9000億円と発表しました。コロナの影響で急減した世界販売が、中国やアメリカを中心に想定以上のペースで回復。従来予想を引き上げ、黒字確保の見通しとなりました。

福田　車は一部すごく売れているとも聞いたんですよ。なぜかというと、コロナの前までは「カーシェアリングでいいや」って思っていた人が、「人が使った車はちょっと嫌だな」となったという。

坂井　あぁ、たしかにカーシェアリングは、ちょっと難しいですね。

福田　だからこうなってみて、「自分の車がほしい」というニーズが一部あると聞いて、なるほどなぁ……と。つまり**「個の安全」がキーワード**ですよね。

坂井　「個」の空間は安全だと。要するに人の触ったものは触りたくないから、シェアするものは避けるということですよね。Airbnbもそうだし、Uberもですかね？

福田　あれも、ライド（乗り合い）がありますからね。今はきついでしょう。好調だったUberの株価が、コロナ以降はZoomの株価に逆転されたのは象徴的でした。

坂井　シェアリングサービスの事業が減退していくことに対して、解決策は何かありますか。

福田　コロナ以前は「シェアエコノミー」なんて言っていたけども、コロナ以降は「人とシェアをしたくない」ということが前提になってきます。だから、カーシェアリングも鉄道も、長い目では廃れていくと思います。自動運転だって、いつかの時代で終わるでしょう。ロボカーが迎えに来て、有人ドローンで飛んでくれれば、交通手段は何もかも変わりますよ。シェアが担っていた労働は、ロボットやAIが急速に代替えしていくと思います。ポストコロナは、そういうイノベーションまでエクスポネンシャル（指数関数的）に加速させますね。

坂井　「シェアリングビジネスそのものをどう解決するか」ということも考えなければいけないとは思うけれども、**企業のポートフォリオの中で、この先10年、コロナの影響があってもやっていけるというビジネスをつくっておかなきゃいけないですよね。**今やっている仕事については、それはそれでソリューションを考えていく。

福田　そのためには、シェアサービスに限らず、**未来のあるべきサービスとは何かという、SF的な発想が大事**なんですよ。

たとえば〝お金〟は、シェア前提に発明されたツールです。現金に触れない対策をしようと思ったら、いかにキャッシュレス対応にできるか、ですよね。そんな発想を、早くきっちりできる企業が、やっぱりＤＸ勝者になるでしょう。

坂井　そうですね。世界各国のキャッシュレス決済比率の比較を行うと、キャッシュレス化が進展している国では40～60％台であるのに対し、日本は約20％に留まっています。世界的なキャッシュレスの流れを踏まえ、キャッシュレスを通じたデータの利活用により、国全体の生産性が向上し、消費者、実店舗、支払いサービス事業者などがそれぞれ付加価値を享受できる社会の実現を目指していくことが必要ですね。

福田　少し前は、車のシェアリングサービスには未来があるっていわれていたけど、車そのものがＡＩの運転するロボカーになったら、所有すべき個人もいなくなり、シェアも何もなくなっちゃいます。コロナと関係なく、テクノロジーの進化によって駆逐されるシェアサービスが多いんじゃないかなと思います。たとえば、UberEatsのような宅配サービスも、イタリアではじまった、食材を入れたら３Ｄフードプリンターで本当のシェフの料理ができちゃうようなことになれば、ニーズは減りますよね。今、自宅で料理する人も増えたし。もしかしたらこのコロナ禍とテクノロジーの進化によって、過渡期で終わるサービスになっちゃうものが多いでしょうね。

シェアリングサービスには、接触系と非接触系があると思うんです。短期的に見れ

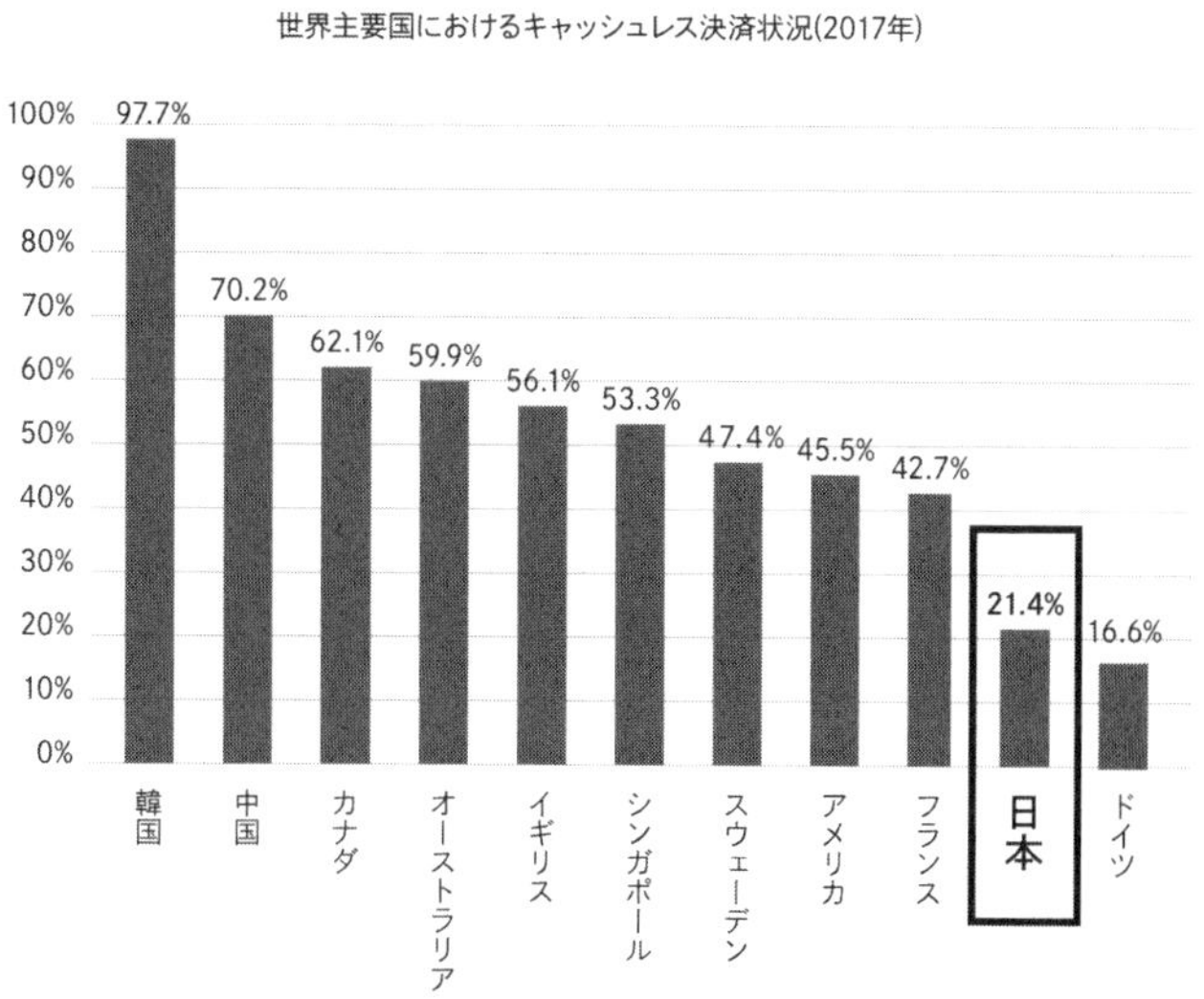

世界各国のキャッシュレス決済比率の比較を行うと、キャッシュレス化が進展している国では40〜60%台であるのに対し、日本は約20%にとどまっている。（出典　一般社団法人キャッシュレス推進協議会「キャッシュレス・ロードマップ2020」より）

ば、ユーザーの在宅時間が増えたことで、自宅の掃除・整理の機会が増え、宅配型トランクルームなどのサービスでも利用が増えています。駐車場予約アプリ「akippa（アキッパ）」*30は、契約されていない月極駐車場や個人宅の車庫、空き地、商業施設などの空いているスペースを15分単位、1日単位で駐車場として貸し借りできるマッチングサービスです。これは満員電車を避けて、車での通勤を選択したことに注目したわけですね。東京都全体の利用状況は２０２０年の２月に比べて、４月の緊急事態宣言発令直後の１週間で2・3倍、宣言解除後の５月末には4倍に増加。千代田区・中央区・港区の都心エリアでは、４月には2月の３・５倍だったところが、５月末には約5倍にまで増加した。大阪市北区や福岡市、名古屋市といった、東京以外の都市部でも、２月に比べて増加した地域が多かったそうです。

坂井　利用によって三密を避けることができるサービスは、問題ないでしょう。オンラインで提供される教育やスキルシェアは、伸びるのではないかと予測されますね。

オンラインにみんなが慣れたことも、後押しになっている。また、知識や経験のシェアリングのスポットコンサルのマッチングサービスである「ビザスク」は、様々なビジネス領域の経験者がアドバイザーとして登録し、１時間単位の「スポットコン

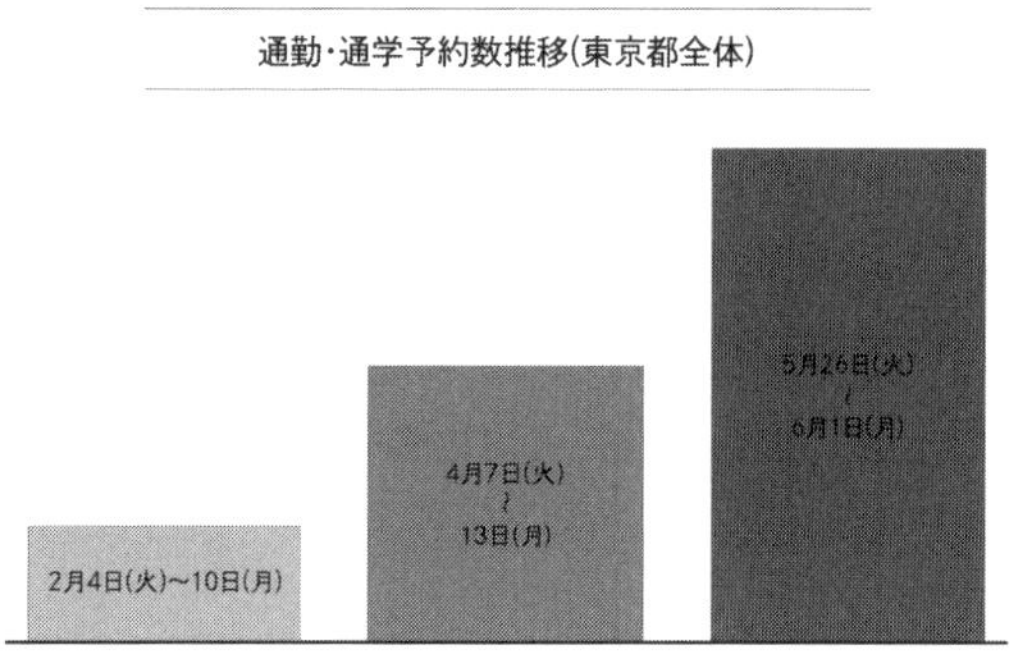

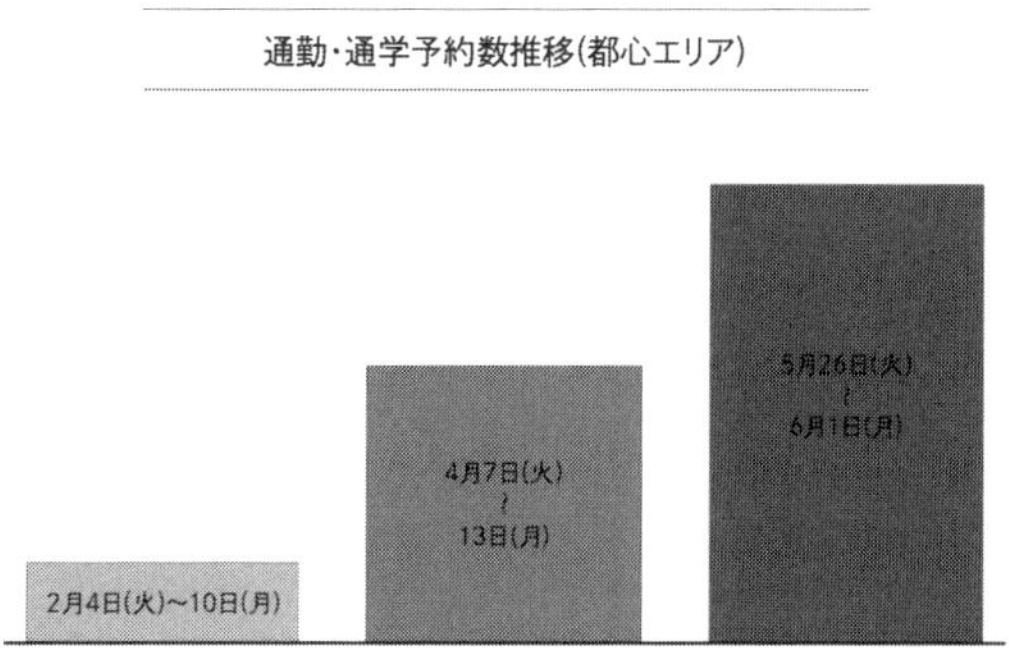

東京都におけるakippaの利用状況は、東京全体では約4倍、都心エリアでは約5倍に。
（出典／2020年2月4日（火）～6月1日（月）のうちの対象期間の予約/akippa株式会社調べhttps://prtimes.jp/main/html/rd/p/000000251.000016205.html）

サル」で知見をシェアするサービス。相談者は新規事業開発やマーケティング、グローバル進出などの課題について、対面・電話・オンラインで相談することができます。アドバイザー登録者は現在10万人を超え、ビジネス領域で個人の知見をマッチングするプラットフォームとしては国内最大級の規模です。「移動の必要がなくなることで、すきま時間を活用してアドバイザーが動けるようになる。**オンラインでのスポットコンサルは、今後も利用が進みそう**ですね。

そして、医者のシェアリングも。コロナについて「経営的にはポジティブな影響が大きい」とするのは、〝ドクターシェア〟という概念で医師のすきま時間をシェアするプラットフォーム「LEBER（リーバー）」*31です。LEBERでは、24時間・365日スマホアプリを通じて医師に相談することができます。

通常は利用毎の課金か月額課金により運営されているLEBERですが、コロナ感染拡大を受け、2020年4月からコロナウイルス関連の相談を無料化しました。その後、ユーザーの不安軽減や医療崩壊防止を目的として、5月31日まですべての相談を無料化。6月以降も、クラウドファンディング「READYFOR」を通じて実施したクラウドファンディングにより、約4万回分の無料相談を継続しています。LEBERはチャットボットが質問、問診の多くの部分を担うため、医師の時間を減らすことができ、最後の数分を医師が対応すれば良いという状態になっています。

シェアリング社会は、オンラインでワープ社会になる。

*30 空いている駐車場を一時利用できるアプリ akippa（アキッパ）

*31 スマホで医師と相談出来るアプリ LEBER (リーバー)

学校へ行かずに秀才になれる

福田　坂井さんの著書にもありましたが、ダイキンでは、AI分野の技術開発、事業開発の人材育成として、企業内大学が設立されたそうですね。

坂井　**日本の企業の多くは、「理系が2割・文系が8割」**という構成です。ところが**中国やドイツ・インド・アメリカなどAIに強い国は、「理系が4割・文系が6割」**。この構造がすごく問題で、ダイキンでは入社後にデジタル人材を育てる取組をしています。

社員が40万人ぐらいいるIBMは、10万人ぐらいボーンとレイオフして、10万人ぐらいまた入れる。あの会社を調べると、そういうことをしょっちゅうやっているんですよ。誤解を恐れずに言えば、要らないテクノロジストと、有用なテクノロジストの交換なのだと思います。**今最も必要な人材は、データサイエンティスト**ですね。データの重要性については、前章の広告とDXのところでもお話ししたとおりです。今はプログラマーでさえ「もう足りているよ」という状況ですから。

先述のGoogleの「コロナ感染予測」が象徴していますね。僕らは人が集合しているのを見て「ここはやばい、三密だぞ」って言うだけで終わってしまうじゃないですか。でもGoogleは、それを世界中のデータとして出せる会社であるということ。

福田　なるほど。データサイエンティストとは、様々な意思決定の局面において、データにもとづいて合理的な判断を行えるように意思決定者をサポートする人のことですね。統計解析やＩＴのスキルに加えて、ビジネスや市場トレンドなど幅広い知識が求められます。

坂井　そのプログラマーを動かすデータサイエンティスト・アナリストがいないと、ＡＩは動かない。ＡＩというのは人間的なので、美術や音楽など、いろんな雑学に通じた人、じつはそういう人しかデジタル分野のヘッドにはいないんですよね。非常に理系的な世界がベースにあるのだけど、もちろんそういう知識はありつつも、意外とアートっぽい。両者のセンスがないといいＡＩがつくれないということが判明して、面白い具合になっています。

かつ日本では、一説によるとＡＩブームは第3期に入っているらしい。しかしＡＩの第1期ブームは、じつはもう終わっている。僕らの知らないうちにはじまって、知らないうちに終わっていて、これからは第3期である、と。しかしメーカーの歴史でいうと、日本人は産業革命に参加していないでしょ。まだ畑を耕していたし、魚を獲って食っていた時代だったから。主たる参加者はドイツ人とイギリス人とアメリカ人ですね。でも日本は遅れて参加しながらPanasonicやNikon、SEIKOなど素晴らしいメーカーがたくさん生まれて、第2期からの参加にもかかわらず、世界を圧倒してしまった。そこで、世界はムカついた。「あいつらは第1期をやっていないのに、何で稼ぐのだ」と。

それと同じことはAIにも言えて、これから日本の逆襲がはじまることは、ほぼ間違いないでしょうね。日本の場合はダイバーシティの問題が付きまとって、面白いチームをたくさんつくらないといけないという時代に入ってきた。ダイキンもそういうことがわかっているので、AI人材の育成なんですよね。だからこれからの教育は、数学と物理と英語、プログラム。これで終わり。あとは勉強しないほうがいいくらいかも。

福田　あとのことは勉強しなくていい。なるほど。

坂井　はい。検索をすれば出てくるのでね。検索して出てくることを覚えたって、これからは意味がないから。

福田　読み書きでいうと、これからも読めたほうがいいけど、書けなくてもいいですよね。

坂井　そうそう。まあ、読めるようになるよね（笑）。

僕は今、チームラボの『あそぶ！　天才プログラミングの学校』の理事をやっているのですけど、これはSTEAM（Science・Technology・Engineering・Art・Mathematics）ですね。これが重要な科目だというのがSTEAMで、数年前にオバマさんが言い出したんですね。つまり従来必要だった学問と、今後必要になる学問が入れ替わっているから、そこは頭を切り替えたほうがいいね。

福田　**今回のコロナで、STEAM教育の重要性が浮き彫り**になりましたね。みんな、情緒的な情報ばかり受け取っちゃって、科学への信頼が低くなっている。やっぱり科学第一主義。国はそこへの投資をもっとしないと、本当に文明の進化はないですよね。

坂井　その辺と関わってくるのが、自動車産業なども含めたメーカーの未来という話。このまま行くとものすごく低利益、あるいはマイナス利益というレベルまで考えられていて、それを解決するためには、ひとつはＡＩ事業ですね。もうひとつはまったく違うビジネス。ロボットとか宇宙とかね。隣にあるビジネスでも、最も適正なビジネスに大きく食い込んでいくという可能性です。僕の友だちで、ロボットにしか投資しない人がいて、５年ぐらい前までみんな笑っていたんだけど、最近は笑えないですね。正しい判断だったんだと思っています。

福田　本当ですね。そう思いますよ。

坂井　それは正しい投資の方法だ。と。

福田　コロナ以前、障害者の人が遠隔でコントロールする渋谷のカフェで、給仕さんは全部ロボットという実験が行われていました。そういう未来図は、リモートトラスト力同様、絶対に必要になってきますよね。どんなシチュエーションにあろうと、そういうことができるという未来を実現させる社会であるべきです。

坂井　あとはコロナ病棟に入っていくドクターロボットがほしいですね。

福田　福島の原子力発電所が崩壊した時、ＨＯＮＤＡ製のロボットが活躍すると思ったら、ちっとも凸凹を乗り越えられる成果を挙げられませんでした。今後のウイルスに備えて、ロボットドクターの開発は必須ですね。

坂井　ＡＩのような頭脳を持ったロボットはニーズがめちゃくちゃ増えるでしょうね。

自分に合ったオンライン学習が増え、リアルな学校はコミュニティになる。

プログラマー出身の経営者に面白い人が多い理由

福田　今はオンラインがアクティブだから、ＤＸのわかる人が活躍できるという構図ですよね。でも、**ＤＸのわかる人が必ずしもＤＸの教育を受けたことがあるわけではなくて、言ってみれば独学**なんですよ。そこにすでに一般人と差がついてしまっている。今の教育は画一的で、「広く浅く」という教え方で、いわゆるオタク的な、いい意味での専門バカが少なくなってしまったように思います。異端児がたくさんいないと、イノベーションは起きません。国は、戦略として教育の多様性、専門性を推し進める施策をとるべきでしょう。かつてのように、他国の若者が日本の大学で学びたいというようなグレードの教育を再び取り戻すよう期待します。

坂井　そうですね。だから今のような、ＤＸ力がものをいう時代になって、ＧＡＦＡを含めプログラマー出身の経営者がイノベーションを起こしていますよね。

プログラマーというのは、どんどん構造が変わるんですよ。**人間というのは、人間がつくったものに向かって自分を変えていくという体質を持っています。**たとえば人間は自動車をつくったけれども、自動車のインターフェース（アクセルやブレーキなど）に人間の肉体が合わせていくわけです。プログラミングをしていると、そのプログラミングが入ったコンピュータと似たような脳の構造が生まれるんです。何がプログラミングの構造化かを非常に簡単に言うと、距離のちょっと遠いところにクレーンがあるとしますよね。そのクレーンを遠い離れた場所から動かすとすれば、プログラムと通信技術しか方法がない。とくに5Gが走り、かつての速度の100倍になるといわれています。つまり、一定の時空を超えた場所にあるものを、自分が計画したとおりに動かすこと。その一番高度なものが、宇宙ロケットの打ち上げ。日本ではアポロ計画というでしょ。あれはアポロプログラムですからね。運動会もプログラムです。何時に棒高跳びがはじまりますよ、何時に玉入れをしますよと決めて、そのとおりに進行していく。**つまり自分がいなくても、自分のプランしたとおりに物事が実行されることをプログラムという。**

福田　「こんな未来があったらいいな」という発想を持って、「それができるプログラマーのスキルを持つ経営者」がどんどん増えると未来は明るいですね。

坂井　僕は付き合いがあったからよりわかるんですけど、メルカリの社長の山田進太郎さんは、非常にしっかりとものを考えてプログラムを組む方なんです。投資にしても事業をつくるにしても。それを組んだとおりに実行する人なのです。僕は迷うからあっちこっち行くけど、あの人は行かない。決めたとおりにやって成功させる。フォーブス誌によると、2019年3月での総資産が1440億円ですからね。

福田　素晴らしい。

坂井　かけた時間が違うのですね。

福田　やはり**プログラマーのセンスを持って経営に当たると、ICT（情報通信技術）を通じてもっと速くDXが実現できる。**コロナ対応ワクチンをつくるのだって、従来は10年単位の開発時間がかかっていたものが、たった1年足らずでできるようになった。そこには、生物工学（バイオテクノロジー）だけでなく、量子コンピューティング、AI、ロボティックス、ナノテクノロジー、材料科学、3Dプリンティング、ブロックチェーンなど多くの分野が組み合わさって、エクスポネンシャルなイノベーションが起きているわけです。

坂井　人間がやらなきゃいけないことを全部プログラミングして命令してやらせているわけですからね。

仮説が立てられるビジネスパーソンは、変化し続けることができる。

正しい公私混同のヒント

福田　本書では、ＤＸにピンとこない人、関心のない人は、いかにそのことで働き方も生き方も損をしているのかということの気づきになればいいなと思いました。

坂井　そうですね。まず僕は、「ライフ・ワーク・バランス」という言葉があまり好きではないんです。９時から５時まで働いて、「それ以降は自分の時間ね」というような。僕は、そういうことはあり得ないと思っていて、牛肉のサシみたいに、オンとオフが混じり合っている状態がリアルな暮らしだと思う。オンもオフも、本当はないんですよ。

たとえばヨーロッパに旅をしていても、遊びに行っているようにも見えて、そこでいろんなものを見て、いろんな人と会う。日本ではまったく見えていない現象もありますしね。たとえば「パリって、エアコンは５％しか普及していない！」とかね。

福田　だから熱波の時も多数の人が亡くなってしまった、とか。

坂井　そう。「日本とは全然違うんだな」とかね。そういうことを感じながら人と会ってミーティングをするということが大事で、整理をするのはそのあとでいいんじゃないですかね。でも福田さんは、見事に自分の肉体を使って考えていますよね、このコロナ禍を。

福田　ありがとうございます。ワーク・ライフ・バランスって、たしかに言われてみれば、終電まで残業していた日本人のビジネスパーソンが、「アメリカ人の公私を分けた働き方はカッコ良い」という憧れをただ言葉に置き換えただけかもしれませんね。「夕方5時になったら仕事を終えて、テニスする」みたいな。でも、よく考えてみると、そこをきっちり分けなきゃいけないということは、仕事があまり面白くない、という前提じゃないですか。20世紀の工場社会を前提にした働き方だったのかもしれません。

日本だと、すぐ商売になるかどうかわからない人とランチに行って、社に戻ると上司から「お前、公私混同も甚だしいな」とか言われるわけです。でも、僕のメンターだった講談社の名物編集者内田勝さん（故人）からは、「公私混同はいいんだよ」と言われたことがありました。日本人はどこまで行っても島国で閉鎖的でシャイな国民性です。アメリカや中国のように広大な国の体質とは全然違うわけです。彼らは、初めて会った人とすぐに打ち解けて（時に大喧嘩になったり）、ビジネスを開始できることです。

でも、典型的な日本人はそうはいかない。日本は欧米と比較してあり得ないくらい交際費を使います。しかも、結構な頻度で同じ人と会食します。一方の欧米では、晩ごはんはファミリーと食べるものです。でも日本のビジネスパーソンはまったく家に戻りません。家庭的には大問題ですが、公私混同が文化に根付いているんですよね。だからコロナ禍でも、欧米のような飲食店へのロックダウンがちっとも徹底されないし、時の首相まで会食三昧で、とくに欧米メディアにまで叩かれていたのが印象的でした。そうやって、人間関係を家族みたいに濃密にした働き方モデルで、戦後の産業を勃興させたのです。でも、もうそんな時代は終わっています。

数年前、ある企業で「うちの社員は外と交流がなくて、全然ダメなんだ。福田さん、指南してくださいよ」と言われコンサルで関わらせていただきました。依頼手の社長が離席した時にスタッフの方に聞くと、「うちは行動予定表というボードがみんなの見えるところにあって、そこに取引先、としか書けない社内のムードがある」と言うんですよ。そうすると「今、渋谷のヒカリエで面白い参考になりそうなイベントがあるから、みんなで見に行こうか」となりづらい。でも、我々のようなマーケッターとしては、そうしたいのだ、と。

坂井　キャバクラとは書けないですしね（笑）。

福田　そこには「社会研究、キャバクラ」と書ければいいですけど、できない（笑）。そういうことが原因だったので、行動予定表を書くことをやめる提案をしたところ、みんな自由な興味で外に出られるようになったので解決しました（笑）。

坂井　管理がいけないとは言わないけど、それならもっと、スマートな管理がいいですよね。

福田　いまだ、多くの企業が20世紀型のままなんですよ。20世紀というのは部長がいて、課長がいて、主任がいて、予算があって、そのプロセスを通じてたくさんのものを大量に生産できた。つくるためにその組織体系があったのです。ネットが出てきて、社会構造がフラットになって、上意下達ではなく左右（フラット）になった時に、組織だけがそのまま20世紀型で残ってきた。だから1回、ぶち壊さなければ立ち行かなくなったコロナ禍は、20世紀と決別できる最大のチャンスなんですよ。

坂井　コロナ以前の企業は、朝9時や10時に出勤して、夜も9時10時まで働く、というのがスタンダードだったでしょ？　僕は50年前からおかしいなと思っていました。なんでそんな長時間働かなきゃいけないんだろう、どこに何時にいたって、べつにいいじゃないかと思っていた。なぜかというと、日本の企業のホワイトカラーというのは、基本的に工場の脳みそなんです。工場を動かすために、ホワイトカラーがいるわけですね。だから工場時間にホワイトカラーが合わせるしかなかった。

福田　工場中心でしたからね。

坂井　今のテクノロジーであれば、そうではないんだけど。日本の習慣として消えていない。工場が脳みそを失うわけにはいかないから。

福田　ああ、今の坂井さんの説明で、すっきりした！　そういうことだ。**すでに工場はないのに、工場勤務をしていると。**

坂井　そう。工場に合わせているんですよ。工場がロボットになったら、みんなどうするんですか。

福田　孫泰藏さんの「クラウドを使って物事を解決していく」という仕事のやり方から考えると、工場の概念はとっくに変わっていますよね。

坂井　ましてやiPhoneでさえも、鴻海《ホンハイ》に海外製造代行（OEM「Original Equipment

Manufacturing」）を実行して、工場と企業は切り離されています。
福田　いろんな人がクラウドソーシングでそれらを解決していけば、成果物ができるわけで。
坂井　根本的に間違っている部分について、「なぜ間違っているのか」ということを考えないことが、僕は不思議だったんですよ。
福田　間違っていると言っても、誰も聞いてくれませんもん。
坂井　僕は創業時1970年、7人で会社をつくりましたが、「何時に来てもいいし、何時に帰ってもいい」というルールにしていました。
福田　坂井さんは先取りしすぎですね！　半世紀前に、働き方改革が終わっていたんですね！
今、10代で選挙権があって、国政選挙なんかをやったりすると、圧倒的な与党支持になっちゃうんですよね。べつに何でもかんでも逆らわなくてもいいんですけど、国に逆らうとか会社に逆らうとか、そういう何かに抗っていく気持ちが全然ないと、「Netflixのリコメンド」人生で満足しちゃうのかもしれません。
坂井　先日、京都芸大時代の後輩と話したんですよ。後輩といっても、僕はちょっとしか大学に行ってなくて、19歳で渡米したんですけどね。やっぱりその当時から、「自分は人と違っていない限り、自分である意味はない」と思っていました。渡米したこと自体、そういう動機だったから。

で、後輩の彼は、「当時そういう選択をしなかったことが敗北だ」と言っていました。そういうことは見抜いていたけれども、実行しなかった、と。

福田　なるほど。後輩のIT社長が、「福田さん、いつも新しいことをやっていて羨ましいです」と言うので、「やればいいじゃない」と返したら、「小さい時から母親に、新しいことはやるなと言われている」って（笑）。だから、新しいことをやる、やらないっていうのは、まあまあ環境に左右されるところはありますよね。日本はとくに、失敗を許してくれないじゃないですか。で、人に責められたりして、すぐに「過去の人」になっちゃう。こういう文化、良くないです。この機にリセットして、「失敗を許す社会」「寛容な社会」をつくってほしいです。

坂井　僕が大学を辞めてアメリカに行ったことは、卒業していないから、大企業と関わる、つまり就職するにはハンデじゃないですか。だからもう自分の中では、「就職という選択肢はない」と考えていました。しかし、結果は日産Ｂｅ-１のコンセプトワークなど多くのプロジェクトを大企業と、社員という立場ではなく実現できました。

福田　坂井さんは人と違うほう、違うほうを選んじゃってきていますよね（笑）。

坂井　ずっとね（笑）。でも、不安は全然なかったですね。

福田　なぜでしょう。

坂井　わからないですけど……。僕自身も不思議なのは、小さい会社ですからいいこと、悪いことあるじゃないですか。でも気が弱った時でも、「どこかに就職してみようかな……」と思ったことが、この52年間1回もなかったんです。

福田　アハハ！

坂井　もう、その発想が、リストにない（笑）。

福田　言うとみんなに驚かれるんですけど、僕はソニーグループに20年間いたんですよね（笑）。

坂井　福田さんみたいな人が企業に長くいたことが、めずらしいですよね。

福田　本当に自由で、誰にも何にも言われなかったですから。…あと若い時は、上司に「お言葉を返す」のが得意だったんです（笑）。かっこ良く言うと、べつにいつクビになってもいいという……。自分に自信があったんでしょうね。だけどソニーがあまりにも居心地が好かったものだから20年長居してしまったんですけど。それでも、ですよ。こんな僕でも、企業を辞める時は、ちょっとためらいはありました。

坂井　僕もそれは側にいて感じましたよ。

福田　だから企業って、マインドコントロールがかかるんだなと思って。

坂井　誤解を恐れずに言えば、**どんな企業もやっぱりカルト**なんですよね。「ソニー」というカルト、「パナソニック」というカルト、「トヨタ」というカルト。あるいは「日本国」っていうカルトもあるのかもしれない。

福田　そうでしょうね。パナソニックのCMで、パナショップのお父さんが村で300台のエアコンを売っていて、夏本番の前に「無償でクリーニングに行きます」「それがパナソニックの姿勢です」というんですけど、カルトっぽいですよね。それはメンテナンスとして、ちゃんとお金取ろうよって思うんですけど。そういう無償の愛みたいなメンタリティで、組織の求心力を保とうということかもしれませんね。だから商品のイノベーションよりも、そっちの方向に訴求がいく。日本的だなぁと思って。

大ヒットしたテレビドラマ「半沢直樹」に出てくる人たちもみんなそうですね。「左遷されたら殺される」みたいな顔しますもんね。あれは、20世紀のノスタルジアじゃないの？って思います。自分の世界が、勤めている会社しかないという感じですよ。

坂井　そうそう。大ヒットしましたけど、僕はあまり好きな世界観じゃなかったですね。むしろベストセラー『会社を50代で辞めて勝つ！』（集英社）著者・高田敦史さんの、レクサスのグローバルブランドマネジメント責任者までやられてからの、トヨタを辞めたお話が面白いですよね。スマートだし。

福田　辞めたあとのことを書いておられて、良書ですよね。でも、半沢直樹だと、「失敗したらおしまいだからな！」っていう教訓しかない。

坂井　会社にしがみつけよっていう話ですよね。

福田　僕もかつてサラリーマン時代に部長だった時、当時の社長から「どっちの派閥か決めとけ！」って言われたことがありました。社長と副社長の間で確執がある時でした。チャップリンの映画みたいに、広いフロアの両端に社長と副社長の部屋があって…。で、副社長室から出てきた僕を見て、社長の秘書から電話があって「ちょっと来てください」って。「はいはい」って歩いていったら、本当に漫画みたいなことを言われたんですよ。「福田、お前はどっち派だ！」って。だから半沢直樹を見て、なんだか思い出してしまって。もちろんその時は「私は島耕作みたいに無派閥ですよ～」って冗談で逃げましたけど。

坂井　福田さんにもそういう時代があったんですね（笑）。

福田　公私混同のコツとしては、次の本がおすすめです。『ワーク・ライフ・バランスは無意味である』*32（ダイヤモンド社／スチュワート D・フリードマン：ペンシルベニア大学 ウォートンスクール教授）。著者が言うのは、人生の主な領域は「職場か学校」「家庭」「コミュニティ」「自分自身」の4つである、と。ワーク・ライフ・バランスは、バランスをとろうとするので、この中の何かをトレードオフすることになる。でも〝**公私混同〟という考え方は、「自分自身」と「その他」をインテグレーションさせること**を意味します。つまり、**自分にとって何が大事なのかを知ること。その大事な価値観を一貫した行動で示すように心がけること。その行動をストーリーにして、いつでも自分の価値を他人に伝えられること。**その「自分価値基準」＝「公私混同」です。それがないと、仕事は誰かに頼まれた〝作業〟になるし、つまらなくなってしまう。与えられた仕事でも、自分の価値観に照らし合わせて深く熟考できれば、自分の血となり肉となります。その結果、〝仕事〟と〝自分〟が統合されて、仕事がより楽しめるようになりますよ。

会社に雇われているのではなく、自分のスキルをライセンスしてあげること。

*32 スチュワート・D・フリードマン著『ワーク・ライフ・バランスは無意味である』

「個人の力」を強くする〜ＶＵＣＡの時代

坂井　対談の最後に、「ブーカ（ＶＵＣＡ）」という新しい言葉について、紹介したいと思います。これは２０１６年のダボス会議（世界経済フォーラム）を筆頭に各経済会議で使われて、注目されるようになった言葉です。社会が複雑になって、想定外の出来事が次々と起こり、未来が予測困難な状況を意味する４つの言葉の頭文字をとった造語なんですけども。まずひとつ目が「Volatility」。

福田　「Volatility」、「**変動**」ですね。

坂井　そう。ＩＴ技術の進展によりコモディティ化が起こるとか、ウイルスなどによって業界規模の急激なシュリンクなど、顧客ニーズの変動が顕著に出るということ。そして２つ目が「Uncertainty」。

福田　「**不確実**」。

坂井　コロナ禍からポストコロナのような不確実性が大きい状況では、売上計画などの見通しを立てるのが難しくなります。

三つ目は「Complexity」。

福田　「**複雑**」。

坂井　これは、シンプルにビジネスの複雑化。たとえば世界でキャッシュレス化は進んでいても、日本では現金信仰の文化が根強くあったりして、なかなか浸透しない……とかね。

最後は「Ambiguity」。

福田　「**曖昧さ**」。

坂井　ここまでの4つの言葉が組み合わさって、前例のない出来事も増えて、これまでのやり方が通用しない、曖昧性の高い世界へ突入するということですね。要するに、そういう予測困難な社会になっているから、もう「2030年はどうなるか」なんていう予測や未来本は、絶対に当たらないですね。

福田　これまでの企業のお約束の「3か年計画」とか、空しいですね。

坂井　全然、無理。今、みんなどうやって事業計画をつくっているんだろうと、本当に心配になります。ただ興味深いのは、この「ブーカ（VUCA）」という言葉は、コロナ以前に生まれた言葉なんですよ。でも、まるで今のコロナ禍を予言したような内容。読者の方も、ぜひ覚えておいてください。

福田　「変動」「不確実」「複雑」「曖昧」……本当に今、ですよ。

坂井　つまり「この社会をどう生きていくか」っていう話でしょ。だからまず、この概念を知らないと。「今、事態はこうなっている」とね。

福田　なるほど……VUCA。日々いろいろなことが変動していて、確実なものがまったくなくて、事態は非常に複雑で曖昧。まさにこれですね。

坂井　こういう世界を生きていくということは、福田さんとか僕のように楽観的で、かつ状況判断によって自分の考えもどんどん変えていく人になることなんですよね。

福田　人が生物としての直感を思い出す時なのでしょう。

坂井　それと、固定的なポリシーを持っている人もVUCAとは合わない。だって地震みたいなものでしょう。毎日揺れまくっているし。

福田　そうですよね。今回は東日本大震災の時のように、一部だけが大きなダメージを受けたのとは違って、「世界全部が再起動」して、各国が鎖国状態になっています。

坂井　これまでであれば、福田さんとか僕は、日本がこうなったから「あ、じゃあLA行っちゃおうか」みたいに思うじゃないですか。今回はそれもできないですからね。

福田　そうですね。どこへ行っても同じような状況です。

坂井　だからこの「VUCA」はキーワードとして覚えていただいて。今の時代はこういうことなんだと。

ぜひおすすめしたいのが、前出の『アフターデジタル　オフラインのない時代に生き残る』（日経BP）という本。これは、ピービットの藤井保文さんと、IT批評家の尾原和啓さんの共著で、おすすめの良書です。「アフターデジタル」とは、行動データを高頻度で取得できるモバイルデバイスやセンサーの普及に伴い、データ化できないオフライン行動がなくなって、「**オフラインがオンラインに包含される**」。**つまり、オフラインが消えたあとは、すべてがオンライン**ということなんですけども。「わかりにくいなぁ」と思う方のためにちょっと説明すると、たとえばアリババが運営する店頭在庫利用型ネットスーパー「盒馬鮮生《フーマーフレッシュ》」は、店内に〝いけす〟があって、泳いでいる魚をスマホアプリで注文して、店舗3キロ以内であれば30分以内に配送してもらうことも、調理してもらって飲食スペースで食べることもできます。泳いでいる魚に、ちゃんとバーコードがついているんですよ。で、きゅっとバーコードリーダーに当てるとオンラインになっちゃう。それで「魚はもうオンラインだ」というふうに考えてしまうと、オフラインは事実上消滅したことになる。

福田　これから**新規事業をやるのであれば、オフライン部分を徹底的にオンライン化できないか詰めていけるだけの考察力・知識が備わってないと、DX時代での成功は望めない**ですね。

坂井　そうそう。もっというと、コロナに感染したかもしれない人をPCR検査して、陽性だった時点でオンライン化するんですよ。だから最後は、もうすべての人がオンライン化するでしょうね。

少し前に、ハロウィンの時、渋谷で自動車を転がして暴れた人がいるじゃないですか。

福田　ああ、ありましたね。

坂井　で、逮捕されたでしょ。監視カメラでつなぎつなぎ、彼の自宅まで追跡していって逮捕に至ったという。だから街はもうオンラインなんですよ。

福田　前編で出た「トレーサビリティ」の話に戻りますけど、今、調査報道ってほとんどネットでやっていますよね。Googleとかも使って、「何時何分にテロリストがどうした」っていうのまで、全部わかりますよね。イギリスのスパイは、007みたいな人じゃなくて、ほとんどYouTubeや写真に埋め込まれているGPS情報から敵地情報を得ることができるコンピュータオタクです。

以前放送されたNHKのBS1スペシャル「デジタルハンター〜謎のネット調査集団を追う〜」という番組は面白かったです。世界のどこであろうと隠された場所の事件を調査できるオープンソース・インベスティゲーション（公開情報調査）*33という手法が紹介されていました。必要なのは聞き込み取材ではなく、公開されたネット情報、Googleマップ、Facebookなどを仔細に分析するだけで事件の全容は解明される。

坂井　面白そうですね。だからもう、すべてがオンラインなんです。トレーサビリティを直訳すると「追跡可能性」という意味になり、もともとはトラブルが起きた時点から遡り、商品がどこで生産されたかを明確にする「トレースバック」のことでした。そこから2つめの意味が生まれた。欠陥がある商品・部品などがどこに流通し、二次加工や販売され欠陥がある商品・部品などがどこに流通し、二次加工や販売されたかを明確にする「トレースフォワード」です。

ただしこのトレーサビリティーの有効性は、流通に限りません。ITS（Intelligent Transport Systems：高度道路交通システム）は、最先端情報通信技術を用いて、人と道路と車両とをネットワークでつなげることにより、交通事故や渋滞といった道路交通問題の解決を目的としてつくられましたが、今や犯罪者のトレースにも役立ちます。コロナ患者をトレースできれば良いのですが、中国や韓国と違って人権の問題に触れてしまいます。それらを無視するのなら、スマホを取り上げてデータを解析すれば、大概の行動はトレースできます。

福田　悪く言うと「監視社会」っていうことはあるかもしれませんけど。

インフォバーンCEOの小林弘人さんの著書『After GAFA　分散化する世界の未来地図』（KADOKAWA）の中に、エストニアから「自己主権型アイデンティティ（Self-Sovereign Identity：SSI）」という考え方が出てきている、と。難民の人たちは、避難先で信用が得られないからIDをつくることができないために、銀行口座を持つことができない。そういう、ＩＤを持てずにいた人が、新たに自分の履歴をつくることで銀行から信用を得たり、社会性を取り戻せたり……というプログラムなんですね。つまりこの新しい技術をもってすれば、生きている限り、信用が担保され生きていけます。管理主体が介在せず、個人が自身のアイデンティティをコントロールできるようにすることを目指す考え方ですね。

どうしてもみんな、「中国が勝手に国民の情報を取っている」というイメージで、「個人情報を取られるのは嫌だ」という人が多いんですけど、個人情報って積極的に出すほうがじつは自分に得だよ、ということなんですよね。実際に中国では、ｅコマースのサイトに自分の情報をできるだけ登録することによって信頼性が得られて、ディスカウントが得られることで広がったわけですから。べつに政府が勝手に個人情報を取っているわけではは全然ない。そこを誤解している人も多いですよね。

坂井　そうそう。中国人は個人情報に対してそんなに繊細じゃない。むしろ「利便性があるならいいよ」という、極めて合理的な考え方ですね。商売人だから。

福田　日本は本質と関係ないところで、社会的ムードに左右されちゃうところがある。「コロナ禍なのでリモートです」「出社していいのは社員の２割までですよ」っていうと、そのルールの中でだけで動く。で、「解禁になりました」となった時に夜中の1時に歌舞伎町にいると、「モラルがない人!」みたいな報道になるじゃないですか。……だから、どうすればいいのよと。**世間体が自分の主体性になっちゃっている。**アフターコロナでは、そんな主体性のない日本人が、DXによって強い個人を取り戻せるように進化してほしいものです。

坂井　『ワークマン』のライバルの『自重堂』というメーカーをご存知ですか。「自重しなさい」の「自重」。作業着の通販の大手です。この不安定な時代に自重してもしょうがないのではと思ったんですけど、昔は自重することに意味があったんですよね。

福田　たしかに(笑)。でも坂井さん、「不安定を楽しむって、一体どうしたらいいんですか?」という質問を受けませんか? もちろん僕だって不安定は嫌ですけど、その不安定が生み出す次のダイナミズムを想像した時の興奮があるから、不安定が楽しく感じられるんですよね。

坂井　就活でも、安定した企業がいいっていう人はいまだに少なくないですよね。

福田　ビジネスもサービスも変容していかないといけないし、データだって、ホームページのデザインだって、どんどん動いて変わり続けていく。でも、「変わらなきゃいけない！　変わるべき！」って言われるから、身構えてしまうのかもしれません。だから本書は、「DXできた方が得だよ」「変わることで、きっと明日の安定が見えるから試してみましょうね」っていう、ラフな感じで捉えていただけたらいいなと思いますけども。

坂井　こういうデジタルで変容する世界になる前に僕が感じていたことですが、人間って成長すると、ある段階で聴く音楽が変わらなくなっちゃうんですよね。ずーっとビートルズしか聴かない人、みたいな。それを見て、「この人はもう変わりたくないんだな」と思いました。

福田　じゃあ、「水曜日のカンパネラ」を聴いてみようかとはならない？（笑）

坂井　ならないです（笑）。だからそういう人は、Apple Musicにも向かないですね。Apple Musicはどんどんリコメンドすることで、不安定にさせますよね。

福田　リピートの世界は安心安全ですからね。

坂井　そう、細胞と同じです。「安定」は、僕は悪いとは言いませんけど、安定し続けるということは難しいと思いますね。企業も、個人も。

福田　「安定し続けるほうがラク」と思い続けたことで、余計に困難が増える時代になっちゃったから、もう「不安定でいるほうが安定していますよ」ということでしょうね。なので今、不安に思っている読者の人はぜひ、本書を繰り返し読んでくださいい！

坂井　野球でも、テニスでも、球を待っている時って体が自然に動くじゃないですか。あれは、動かしていないと安定した玉が打てないからですよ。卓球選手だって、見事に動きますよね。球、来ていないのに。

福田　たしかに！　面白い！

坂井　じっとしていたら、打てないんですよ。

福田　僕はいつも学校でじっと座っていられなくて、先生から「フラフラするな！ちゃんと座って聞け！」って言われていましたよ。でもあれは安定していたんですね（笑）。

坂井　だから「安定はラク」だと思うのは間違いで、じつは危険なんです。

福田　それがいい時代もあったけれども、もう変わった。「いつ変わったんですか？」という質問に対しては、前から変わっていたんだけれども、コロナがそれをよりわかりやすくしたということですね。**「DX時代はフラフラ戦法がいい」**という、じつに僕と坂井さんらしい結論になったと思います。

坂井　そうですね（笑）。

福田　いやあ、本当に多義にわたるテーマでお話ができて、楽しかったです。ぜひ、読者のみなさんも制約あるコロナ禍でこそ、大いなるイノベーションを起こしてください。「DX気分」でいきましょう！

コロナでオフィスも通勤も上司も部下もいなくなった！　それなら個人でスイスイやってみよう！

*33 ネットだけを駆使したオープンソース・インベスティゲーション（公開情報調査）

おわりに

私と福田さんは関西人同士というのもあり、会うといつも、高速の言葉のキャッチボールを楽しんでいます。その中でお互いに刺激を受けて、相手の脳をお互いに借りて考えているようなところがあります。そういう日常の会話の延長として、2人が日本でも流行のDXについて議論をした議事録が、この書籍の基となっています。

DXの前にデジタライゼーションは、アナログデータのデジタル化です。デジタライゼーションはビジネスプロセスのデジタル化です。DXは新しい価値の創出と考えられます。と言ってもGAFAなどは、とっくにDXを終えていて、今では誰もその言葉を使わない。中国などは、すでに国家全体がDX化された感があります。

多くの経営者が、GAFAに代表される巨大プラットフォーマーによる異業種の参入に直面し、既存事業をディスラプト（破壊）されるリスクに直面しています。未来に向けて、競争力を強化し、企業が新たな価値を創造し続けるために、デジタル技術を最大限に活用した、DXに真剣に取り組むことが求められています。

2018年9月7日に作成された経済産業省の「DXレポート」には政府の強い危機感があります。「日本企業はデジタル競争の敗者になってしまうのではないか」という危機意識が現れています。DXが注目されるようになったのは、経産省「DXレポート：ITシステム「2025の崖」からでしょう。このままDXが進まなければ、2025年以降、最大で年間12兆円の経済損失が生じる可能性があるといいます。さらに経済産業省のレポートでは、日本経済の経済損失は対GDP比でマイナス6・1%、約30兆円以上に上ると推定されています。

DX化を放置しておくと爆発的に増加するデータを活用しきれず、デジタル競争の敗者になってしまいます。そして多くの技術的負債を抱え、業務基盤そのものの維持・継承が困難になる。挙げ句の果てにサイバーセキュリティや事故・災害によるシステムトラブルやデータ滅失・流出などのリスクが高まります。ただし2018年9月7日に作成されたレポートには、コロナ被害は織り込まれていません。

一方で、「2025年の崖」も課題として指摘されています（既存システムの複雑化・ブラックボックス化やDXによる現場の業務見直しが克服できない場合、

2025年移行、最大12兆円／年の経済損失が生じる可能性がある問題）。
コロナの世界的流行に代表されるように、VUCAという激しい変化の時代に起きている潮流を理解し、自社の提供価値を見つめ、事業ビジョンを起点にデジタル技術でビジネスを革新していくにはどのようにすべきか……。DXの実践事例を学びつつ、DXから企業の新しい価値やビジョンをどのように創出するのか？　これは多くの企業が取り組んでいる課題です。VUCA時代は想定外の出来事が次々と起こります。

まず世界に蔓延したコロナの脅威は終焉が見えません。中国だけが速くもアフターコロナに入ったかのように見えます。一方アメリカでは前大統領トランプ氏が暴動を扇動するなど、考えられないことが起こりました。また、中国の習近平国家主席が、中国政府が香港の統制を強める「香港国家安全維持法」に署名し、2020年7月1日に施行しました。香港は高度な自治を認められた「一国二制度」が崩壊した瞬間でした。このようにVUCAの時代を表す世界の出来事はあまりにも多く、深刻です。こういう時代に、福田さんは、お得意の野生の勘を働かせ、沖縄で偶然に出会ったりして、予想外のものを発見されることでしょう。

読者のみなさんには、本書にある、私や福田さんのちょっとしたものの見方、一次情報の見つけ方はヒントになると思います。

また「個人のDX」も、福田さんとの会話の中から生まれたインサイトです。とくにタレントの方は、SNSのフォロワーの数でタレント価値を評価される社会になりました。自分自身の商品価値を高め、自らのコミュニティをぜひ構築してください。

そして、まだ会ったことがない人と初めてオンライン上で会う時、その会話の中で信頼関係が構築されていく能力をリモートトラストといいます。リモートワークが主戦場になるウィズコロナではとくに必要な能力です。

あらゆるモノがDXされていく時代。そんな「DX気分の時代」に、みなさんが取り残されることなく、我々と一緒にスイスイとサバイブできるよう頑張ってください。

コンセプター　坂井直樹

坂井直樹（コンセプター／Water Design代表取締役）

１９４７年京都生まれ。京都市立芸術大学入学後、渡米し、68年にTattooCompanyを設立。刺青プリントのTシャツを販売し大当たりする。73年に帰国後WATER STUDIOを設立。87年に日産「Ｂｅ-１」の開発に携わり、レトロフューチャーブームを創出。88年にオリンパス「O-product」を発表、95年にMoMaの企画展に招待出品され、その後永久保存となる。２００４年に Water Designを設立。05年にau design projectからコンセプトモデル２機種を発表。08年から13年まで慶應義塾大学湘南藤沢キャンパス教授。著書に『デザインのたくらみ』共著『デザインの深読み』（トランスアールドジャパン）『好奇心とイノベーション』（宣伝会議）など。ＤＭＭオンラインサロンにて「コンセプター坂井直樹の近未来ラボ」を主宰。

福田 淳（ブランド コンサルタント）

１９６５年大阪生まれ。日本大学芸術学部卒業。ソニー・デジタルエンタテインメント創業者。横浜美術大学 客員教授、金沢工業大学大学院 客員教授。

ブランディング業務以外にも、女優〝のん〟などのタレントエージェント、北京を拠点としたキャスティング業務をはじめ、国際イベントの誘致、企業向け「ＡＩサロン」を主宰、ロサンゼルスでのアートギャラリー運営、沖縄でのリゾート開発、ハイテク農業など、活動は多岐にわたっている。タレントと日本の芸能界にはなかった「米国型エージェント契約」を導入したことでも話題を呼んだ。

モザンビーク支援のＮＰＯ法人「アシャンテママ」共同代表理事、ＮＰＯ「タイガーマスク基金」の発起人をはじめ、文化庁、経済産業省、総務省、内閣府などの委員を歴任。

近著に『パラダイムシフトできてる？ 〜ポストコロナ時代へ』（スピーディBOOKS）『ＳＮＳで儲けようと思ってないですよね？〜世の中を動かすＳＮＳのバズり方』（小学館）

公式ウェブサイト http://Atsushifukuda/

QRコード　引用出典一覧

P18・　*1　**Apple社の公式サイトはYouTube**
https://www.youtube.com/channel/UCv5iVjD-tFfl04V4AB4XRYw
（YouTube　Apple Japan公式チャンネル）

P27・　*2　**通勤という概念をなくした富士通**
https://pr.fujitsu.com/jp/news/2020/07/6a.pdf
（富士通「ニューノーマルにおける新たな働き方への変革」２０２０年7月6日発表）

P34・　*3　**クラウドファンディングでピンチを脱出　大阪・阿倍野のパン屋**
https://abeno.keizai.biz/headline/3565/
（あべの経済新聞２０２０年11月11日／阿倍野のベーカリー「ブーランジェリーショー」、オープン直前の火災被害から復活）

P46・　*4　**5万人が熱狂バーチャル渋谷**
https://cluster.mu/e/bee95acc-5c7f-4ebb-b08a-606348747487
（クラスター株式会社公式サイト）

*5　**坂井直樹著書「好奇心とイノベーション」**
https://www.amazon.co.jp/dp/4883354954/
（Amazon公式サイト）

P57・　*6　**鳥貴族とケンタッキーの明暗を分けたもの**
https://toyokeizai.net/articles/-/358521
（東洋経済オンライン２０２０年6月24日／外食企業「テイクアウト&宅配」で分かれた明暗）

*7　**なぜブルックスブラザーズは経営破綻したのか**
https://www.businessinsider.jp/post-218293
（Business Insider Japan２０２０年8月21日／なぜブルックス・ブラザーズは経営破綻し、ルイ・ヴィトンは世代を超えて愛されるのか）

*8　**DX投資で成功した小売大手ウォルマート**
https://business.nikkei.com/atcl/NBD/19/special/00330/
（日経ビジネス２０２０年1月17日／「時代遅れ」から復活したウォルマート　店舗×デジタルで攻勢）

P67・*9 電子政府ランキングエストニアは3位日本は14位
https://xtech.nikkei.com/atcl/nxt/news/18/08340/
（日経クロステック２０２０年7月13日／電子政府ランキングで日本は14位に後退、トップ3はデンマーク・韓国・エストニア）

*10 ＡＩが予測!-GoogleCOVID-19 感染予測
https://cloud.google.com/blog/ja/products/ai-machine-learning/google-and-harvard-improve-covid-19-forecasts
（Google Cloud公式サイト）

*11 スマホで買収疑惑を検知、河井夫妻を追い詰めたＩＴ捜査
https://business.nikkei.com/atcl/gen/19/00132/070600006/
（日経ビジネス２０２０年7月6日／河井夫妻追い詰めたＩＴ捜査、スマホで買収疑惑が丸裸に）

P85・*12 サイバーエージェントＡＲファッション体験「PORTAL」
https://www.youtube.com/watch?v=YQGNSVlqSMI
（YouTube　MESON）

*13 圧倒的歌唱力の女性ボーカリスト・レイヤマダ
http://rayyamada.jp
（レイヤマダofficial website）

*14 ソフトバンクが提供するクラウドゲームサービス「GeForce NOW」
https://cloudgaming.mb.softbank.jp
（GeForce NOW公式サイト）

P92・*15 世界中のアートを鑑賞できる「Google Arts & Culture」
https://artsandculture.google.com
（Google Arts & Culture公式サイト）

*16 デジタルならではの発見を可能にした「Art Camera」
https://jp.techcrunch.com/2016/05/18/20160517google-unveils-a-gigapixel-art-camera-that-lets-you-view-paintings-down-to-the-brushstrokes/
（TechCrunch Japan２０１６年5月18日／油絵の筆運びまでわかるGoogleのギガピクセル「Art Camera」、全世界のアート作品をウェブで公開）

*17 「Google Cultural Institute」のディレクター　アミット・スードのTED
https://www.ted.com/talks/amit_sood_every_piece_of_art_you_ve_ever_wanted_to_see_up_close_and_searchable
（TED公式サイト）

*18「Speedy Gallery」とロンドンの「V21 Artspace」
https://v21artspace.com/speedy-gallery-fall-2020-exhibitions-programme
（V21 Artspace公式サイト）

P101・*19〝女子のリアル〟を赤裸々に伝える内容で人気のヘラヘラ三銃士
https://www.youtube.com/channel/UCI0xPNkgivK-FCcaCYDC8Yg
（YouTube　ヘラヘラ三銃士公式チャンネル）

*20 プロアーティストから焼きいも屋に転身のYouTuber「たなかです」
https://tanakadesu.theshop.jp/items/28395166
（たなか公式Online Store）

P112・*21 2019年の日本のインターネット広告媒体費 とは？
https://www.dentsu.co.jp/news/release/2020/0317-010029.html
（dentsu公式公式サイトニュースリリース2019年 日本の広告費 インターネット広告媒体費 詳細分析）

*22 ラクスルの運用型テレビCM
https://tvcm.raksul.com/store
（ラクスルテレビCM公式オンラインストア）

P122・*23「オフィスとテレワークの融合」が7割超
https://prtimes.jp/main/html/rd/p/000000003.000060066.html
（月間総務調べ　2020年8月25日発表プレスリリース）

*24 サウナもついたワーケーションホテル「カンデオホテルズ」
https://www.candeohotels.com/ja/
（カンデオホテルズ公式サイト）

*25 月額4万円で多拠点生活できる新サービス「ADDress」
https://address.love
（ADDress公式サイト）

P127・*26 時間や場所に捉われない働き方を実現CARRY ME
https://carryme.jp/recruitment.html
（CARRY ME公式サイト）

Ｐ１３５．*27 星野リゾート「界」の三密の見える化アプリ
https://www.hoshinoresorts.com/information/release/2020/06/90445.html
（星野リゾート公式サイト）

*28 テラスで三密回避　カイラ カフェ&テラスダイニング渋谷店
https://www.cafe-kaila.com
（カイラ カフェ&テラスダイニング公式サイト）

*29 テラスとガウンでインスタ映えニューヨークの「２３０フィフス・ルーフトップ」
https://www.230-fifth.com
（230フィフス・ルーフトップ公式サイト）

Ｐ１５０．*30 空いている駐車場を一時利用できるアプリakippa（アキッパ）
https://www.akippa.com
（akippa公式サイト）

*31 スマホで医師と相談出来るアプリLEBER（リーバー）
https://www.leber.jp
（LEBER公式サイト）

Ｐ１７３．*32 スチュワート・D・フリードマン著『ワーク・ライフ・バランスは無意味である』
https://www.amazon.co.jp/o/ASIN/B01G12CRNI/diamondinc-22/
（Amazon公式サイト）

Ｐ１８６．*33 ネットだけを駆使したオープンソース・インベスティゲーション（公開情報調査）
http://spdy.jp/news/s5770/
（スピーディ社公式サイト）

【スピーディ・ブックスとは】

スピーディ・ブックスは、売れ筋しか扱わず、事大主義に陥っている既存の出版業界に風穴をあけるため、パンクで知的な出版社を目指します。

スピーディ・ブックスは、著者に過去の実績を求めません。ＳＮＳのフォロワー数も有名人の帯も求めません。みんなの側にいる、知的で面白い人の本を出版します。

本は、ネット検索では決して補えない知の宝庫です。

スピーディ・ブックスは、紙の本でもKindleでも、近未来には脳に埋め込んだチップでも、時代の流れに合わせて提供していきます。

いたずらに最大公約数の関心を追わず、最小関心層のテーマを見つけ、こつこつと発行してまいります。

みなさまの関心事、ユニークなお友達がいれば、ぜひスピーディ・ブックスにお知らせください。

代表 福田 淳

info@spdy.jp

Speedy Books

スイスイ生きるコロナ時代
2021年4月30日　第一刷発行

著者…坂井直樹　福田 淳

発行者…布川敦司
発行所…株式会社 高陵社書店
〒106-0032東京都港区六本木7丁目7-7-8F
TEL：03-5614-0363　FAX：03-5614-0383

印刷・製本…シナノ書籍印刷株式会社

装丁デザイン　井上広一（ORYEL）
本文DTP　今井拓己（Speedy,Inc）
企画編集　井尾淳子（Speedy,Inc）

ISBN　978-4-7711-1042-7